HEUREUX,
JOYEUX
&
LIBRES

Une sobriété enjouée

HEUREUX, JOYEUX & LIBRES

Une sobriété enjouée

AAGRAPEVINE,Inc.

New York, New York

WWW.AAGRAPEVINE.ORG

LE PRÉAMBULE DES AA

Les Alcooliques anonymes sont une association d'hommes et de femmes qui partagent entre eux leur expérience, leur force et leur espoir dans le but de résoudre leur problème commun et d'aider d'autres alcooliques à se rétablir.

Le désir d'arrêter de boire est la seule condition pour devenir membre des AA. Les AA ne demandent ni cotisation ni droit d'entrée ; nous nous finançons par nos propres contributions.

Les AA ne sont associés à aucune secte, confession religieuse ou politique, à aucun organisme ou établissement ; ils ne désirent s'engager dans aucune controverse ; ils n'endossent et ne contestent aucune cause.

Notre but premier est de demeurer abstinents et d'aider d'autres alcooliques à le devenir.

TABLE DES MATIÈRES

CHAPITRE UN

HUMOUR ET AUTODÉRISION

Le rôle de l'humour dans le rétablissement

CHAPITRE DEUX

EGOS DÉMESURÉS

Les AA sur leur sujet favori : eux-mêmes

CHAPITRE TROIS

TORDU

Les premiers pas chez les AA vus sous un angle plus léger

BIENVENUE

Dans le Gros Livre, juste après avoir raconté l'histoire du « pauvre type » qui s'est suicidé dans sa maison, Bill W. parle des expériences amusantes vécues chez les AA. « Je suppose que certains seront choqués par notre apparente superficialité et notre légèreté », écrit-il dans son « Histoire de Bill ».

Les AA rient effectivement beaucoup – d'eux-mêmes, de leurs histoires d'alcool, et de leurs premiers faux pas à travers les Étapes. Au début, nous n'avions guère envie de rire. Peut-être étions-nous déprimés ou physiquement malades. Peut-être avions-nous fait beaucoup de dégâts dont nous savions que la réparation allait prendre un certain temps. Peut-être étions-nous en proie à une douloureuse solitude.

Mais la première fois que nous avons entendu quelqu'un se lever en réunion et partager une anecdote embarrassante, vécue en état d'ivresse ou même d'abstinence, notre réaction a été d'en rire avec eux. Si quelqu'un d'autre a fait ce que j'ai fait et peut à présent plaisanter à ce sujet, c'est donc, avons-nous pensé, que nous ne sommes après tout pas si mal en point.

« Les alcooliques possèdent un sens de l'humour. Même après avoir bu, on les a entendus dire des choses vraiment amusantes », écrit Fulton Oursler, un ami des AA, dans l'anecdote du premier chapitre « Le charme secret des alcooliques ». « Souvent, ils ont été forcés de prendre au sérieux les mesquineries et méchancetés de la vie et cela les a amenés à s'évader dans l'alcool. Mais une fois rétablis, leur sens de l'humour retrouve ses ailes et ils sont en mesure d'accéder à un état presque divin. Capables de rire d'eux-mêmes, ils atteignent le sommet de la conquête de soi. Allez aux réunions et écoutez les rire. De quoi rient-ils ? De souvenirs macabres qui plongeraient les âmes fragiles dans un remords inutile. Et cela en fait des gens merveilleux à côtoyer le soir à la chandelle. »

« Tout cela procure... énormément de plaisir, a écrit Bill W. Mais, juste en-dessous, affleure un sérieux impitoyable ».

Ce recueil d'anecdotes de Grapevine montre comment, lors de leur rétablissement, les AA ont appris à rire.

CHAPITRE UN

« Mon parrain m'a dit d'apprendre à rire de moi-même,
mais je ne vois rien de drôle. »

HUMOUR ET AUTODÉRISION
Le rôle de l'humour dans le rétablissement

Des fois, il n'y a rien d'autre à faire que de rire. On rit de ce qu'on faisait lorsqu'on buvait, on rit des erreurs commises au début et de la douleur ressentie en cours d'abstinence et même maintenant, on rit de soi-même. Cette membre des AA qui apporta par erreur un gâteau au rhum à sa réunion d'anniversaire (« Un gâteau qui a du punch »), et cet autre membre qui faillit mettre le feu à sa voiture tout en discutant des Étapes avec son parrain (« Les Étapes en feu »), qu'auraient-ils pu faire d'autre que de jeter le gâteau, éteindre le feu, rire et passer à autre chose ?

« J'ai réappris le rire chez les AA, et lorsque je ris, le monde entier semble rire avec moi », écrit l'auteur de « Si vous vous sentez bien, vous n'êtes pas normal ». « Dès le début, j'ai été attiré vers le mouvement des AA par le rire ».

Le rire peut ne pas être la première clé pour atteindre l'abstinence, mais rire de nos erreurs est un juste moyen de plus de nous accepter comme êtres humains.

LE CHARME SECRET DES ALCOOLIQUES
Juillet 1944

Tout au bas de l'échelle sociale de la société des AA se trouvent les parias, les intouchables et les proscrits, tous ces sous-privilégiés qui partagent la même épithète injurieuse : les proches.

Je suis un proche, je connais ma place et je ne me plains pas. Mais j'espère que personne n'en fera de cas si je me hasarde à vous confier qu'à certains moments, peut-être un peu trop souvent, j'ai souhaité être un alcoolique. J'aimerais faire partie des AA, pour être plus précis. Ne serait-ce que pour être entouré par les membres des AA qui ont un charme unique au monde.

Telle est ma sincère opinion. En tant que journaliste, j'ai eu la chance de rencontrer un grand nombre de personnes charmantes. Je compte parmi mes amis de grandes et de moins grandes vedettes du théâtre et du cinéma, des écrivains que je rencontre au quotidien, des dames et des messieurs des deux partis politiques ; j'ai été invité à la Maison Blanche, j'ai cassé la croûte avec des rois, des ministres et des ambassadeurs. Mais je déclare, après cette liste abrégée, qu'à la compagnie de toute personne ou de tout groupe que je viens de mentionner, je préférerais une soirée avec mes amis des AA.

Je me suis demandé pourquoi je trouve tellement charmantes ces chenilles alcooliques qui ont déployé leurs ailes de papillon chez les Alcooliques anonymes. Les raisons abondent, mais je n'en citerai que quelques-unes.

Les AA sont ce qu'ils sont, et étaient ce qu'ils étaient, car ils sont sensibles et imaginatifs, ils possèdent un sens de l'humour et une conscience des vérités universelles.

Sensibles, ils sont facilement blessés et cette vulnérabilité les a fait opter pour l'alcoolisme. Une fois rétablis, ils restent aussi sensibles que jamais, ouverts à la beauté et à la vérité et désireux de connaître les gloires spirituelles de cette vie. Cela ajoute au charme de leur compagnie.

Ils sont imaginatifs, ce qui a contribué à leur alcoolisme. Certains ont bu pour inciter leur imagination à prendre son essor. D'autres l'ont fait pour chasser les visions insupportables qui troublaient leur imagination. Mais quand ils sont enfin rétablis, leur imagination est sensible à de nouvelles incantations, et leurs mots s'habillent de couleurs et de lumière ; un autre atout qui ajoute au charme de leur compagnie.

Leur sens de l'humour est indéniable. Même lorsqu'ils sont complètement soûls, ils sont capables de vous raconter des histoires diablement drôles. Trop souvent, c'est le fait d'avoir été forcés à prendre au sérieux les aspects mesquins et méchants de la vie qui les a poussés à s'évader dans l'alcool. Mais, une fois enfin rétablis, leur sens de l'humour retrouve ses ailes et ils sont en mesure d'atteindre un état presque divin où ils sont capables de rire d'eux-mêmes, le sommet même de la conquête de soi. Assistez à leurs réunions et écoutez-les rire. De quoi rient-ils ? De souvenirs macabres qui plongeraient les âmes faibles dans le remords inutile. Et cela en fait des gens merveilleux à côtoyer le soir à la chandelle.

Et ils sont doués d'un sens de la vérité universelle. Une vérité qui est souvent nouvelle dans leur cœur. Le fait que cette union avec l'univers de Dieu n'avait jamais été éveillée en eux pourrait expliquer pourquoi ils buvaient. Cette découverte est presque toujours la raison pour laquelle ils se tournent vers une vie simple et saine. Levez-vous avec eux à la fin de leur réunion et écoutez-les réciter le « Notre Père ! »

Ils ont trouvé une Puissance divine qu'ils servent avec diligence. Et vous apprécierez un charme que l'on ne trouve nulle part ailleurs, sur terre et sur mer. Vous saurez alors que Dieu lui-même est vraiment charmant, parce que les AA reflètent sa miséricorde et son pardon.

FULTON OURSLER

CE QUE M'A LÉGUÉ MON PÈRE
Mars 1964

Mon père était un homme merveilleux. J'étais son fils unique. En 1907, mon père m'a appelé et m'a dit : « Je vais mourir bientôt et je n'ai rien à te léguer. Tu dois sortir dans le monde et gagner ta propre vie. Comment le feras-tu ? Tu n'es pas bel homme et tu ne le seras jamais. Tu n'as ni nom ni fortune. Je te laisse ces trois règles simples. Si tu les suis, le monde t'appartiendra

« Tout d'abord, n'aie jamais peur des 'autres'. Les gens ont plus peur des 'autres' que de toute autre chose dans le monde. De puissants généraux à la tête de grandes armées peuvent faire face avec courage aux ennemis les plus dangereux, et être en même temps terrifiés de ce que les 'autres' pourraient dire, faire ou ne pas aimer.

« La deuxième règle, ajouta-t-il, est encore plus importante. Ne collectionne jamais d'objets. N'en deviens jamais le propriétaire, ils finiront par t'emprisonner ». J'en ai conclu que plus on amasse de possessions, plus elles nous emprisonnent. C'est pour cette raison que je ne possède que le strict nécessaire. Je suis libre comme l'air, et c'est merveilleux.

La troisième règle de mon père me convenait plutôt bien. Il m'a recommandé de toujours rire de moi-même en premier. On a tous un côté ridicule et tout le monde aime rire de quelqu'un d'autre. Riez de vous-même en premier, et leur rire deviendra aussi inoffensif que si vous aviez une armure en or.

ANONYME

LES ÉTAPES EN FEU
Août 2007

E n mars dernier, je conduisais ma voiture en fumant une ciga-rette et je discutais avec mon parrain sur téléphone mains libres. J'aime les activités multitâches

Nous parlions du fait que je n'avais pas encore commencé à aborder les Étapes. J'ai lancé ma cigarette par la fenêtre, puis je l'ai refermée et j'ai continué la conversation. Trente secondes plus tard, j'ai senti comme une odeur de brûlé.

J'ai cru qu'il y avait un incendie quelque part, mais le feu était sous mon siège. Bientôt, j'ai vu une colonne de fumée s'élever lentement entre les deux sièges avant. Mon parrain parlait toujours des 12 Étapes. Je l'ai interrompu en disant « Je pense que j'ai le feu aux fesses ! »

« Bravo !, dit-il. Il est grand temps que tu te mettes le feu aux fesses. »

« Non, c'est mon auto qui est en feu ! » ai-je répondu.

« Arrête-toi et éteins-le ! », me dit-il.

« Avec quoi ? » Constatant que j'avais encore la tasse de café utilisée en réunion des AA la veille au soir, je l'ai attrapée et l'ai versée sur ce que je pensais être l'origine du feu. Voilà, c'est fini, ai-je conclu en commençant à rire. Puis je me suis dit qu'il s'agissait peut-être d'un signe. Mon parrain m'a vivement recommandé de vérifier le siège arrière pour m'assurer que le feu était bien éteint.

Ce que j'ai trouvé était terrifiant. Des papiers brûlaient toujours sous mon siège. Parmi eux se trouvait la brochure sur les Douze Étapes que mon parrain m'avait donnée quelques semaines plus tôt. Je lui ai fait remarquer que les Étapes étaient en feu et j'ai éteint ce qui restait du feu. J'ai pu sauver la brochure qui était légèrement brûlée.

« Tu ferais mieux de croire qu'elles sont en feu, » dit-il. Il continua en disant que je venais de recevoir la visite d'une Puissance supérieure.

« Tu crois ? », ai-je répondu. Puis je suis rentré chez moi, encore secoué par l'expérience.

Ma Puissance supérieure a pris la forme d'une tasse de café des AA. Si je la garde tout près, elle m'aidera toujours à éteindre les flammes. Je ne crois pas aux coïncidences ; il y a une raison à tout. Puisque les AA représentent ma Puissance supérieure, Dieu tel que je le conçois est toujours à mes côtés dans la voiture. En regardant la tasse de café, je souris.

Dorénavant, en plus de cette tasse, qui d'habitude reste à mes côtés dans la voiture, je garde toujours un extincteur dans le coffre.

CHRIS M.

UN GÂTEAU QUI A DU PUNCH
(Extrait de Dear Grapevine) Avril 2009

Au mois de mai, j'ai emménagé dans un quartier du sud de Philadelphie. Le 22 août, je comptais célébrer 28 ans d'abstinence en racontant mon histoire à ma réunion des AA. C'était pour moi une occasion de faire plus ample connaissance. Je voulais faire bonne impression, j'ai donc commandé un grand et délicieux gâteau. Imaginez ma surprise quand quelqu'un a dit, alors qu'on coupait le gâteau : « Je sens une odeur de rhum ! » Effectivement, la couche inférieure du gâteau était imbibée de rhum. La boulangerie ne m'avait pas prévenue ! Bien sûr, nous étions tous choqués... surtout moi. Et puis vint le fou rire. J'ai bien reconnu là l'humour de ma Puissance supérieure. Une fois de plus, elle remettait mon orgueil à sa place, comme elle seule peut le faire.

ANNE C.
Philadelphie, Pennsylvanie

ENTENDU DANS UNE RÉUNION :

« IL N'Y A QUE DEUX CHOSES QU'UN ALCOOLIQUE N'AIME PAS – LA FAÇON DONT SONT LES CHOSES, ET LE CHANGEMENT. »

ANONYME, MARS 2008

SI VOUS VOUS SENTEZ BIEN, VOUS N'ÊTES PAS NORMAL

Avril 1976

J'ai constaté avec surprise qu'écrire un article au sujet de la dépression peut devenir très déprimant. Mais doit-il en être ainsi ? Si je m'en tiens à mentionner joyeusement des principes d'aide personnelle et à omettre mes propres expériences décourageantes, tout cela peut devenir moins déprimant

Tout d'abord, je dois avouer que je ne suis pas une autorité en la matière. Après des recherches plus approfondies, je ne suis pas surpris d'apprendre que certaines dépressions sont presque totalement physiques alors que d'autres sont causées par plusieurs facteurs. Comme l'alcoolisme, peut-être, les facteurs peuvent être mentaux, physiques et spirituels. Pour les personnes qui souffrent de certains types de dépression, des soins professionnels sont absolument nécessaires. Pour d'autres, j'aimerais partager certains antidépresseurs qui m'ont soulagé.

Je réalise maintenant que mon brusque retour sur terre, après avoir séjourné sur un nuage rose après quelques mois chez les AA, était tout à fait normal. La réalité ne se trouve pas quelque part dans l'espace. Plus tard, j'ai eu de la difficulté à comprendre pourquoi le programme des AA, qui m'avait sauvé de la maladie terrible et incurable de l'alcoolisme, ne m'a pas débarrassé de ma dépression, de mes humeurs noires ou de mes cafards. J'ai essayé de faire un inventaire personnel encore plus profond, de méditer, j'ai revu la Troisième Étape, mais en vain. J'ai assisté à plus de réunions et j'ai constaté que, plus elles étaient conviviales et pleines de rires, plus elles étaient efficaces. Les appels de la Douzième Étape m'ont aidé à sortir de moi-même, mais temporairement. Parfois je sentais que je n'arrivais pas à rejoindre les autres.

Les sentiments négatifs étaient toujours présents, surtout la nuit. Je n'arrivais pas à en trouver la raison, sauf peut-être que mes anciennes pensées négatives refaisaient surface. Ou peut-être avais-je de trop grandes attentes, ou bien je sentais le temps passer sans que rien en moi n'ait changé ? J'éprouvais peut-être de la colère envers moi-même et une grande culpabilité pour toutes ces raisons. J'avais demandé l'aide de ma Puissance supérieure, mais il semblait que j'éprouvais un blocage spirituel.

Un jour, j'ai découvert dans le journal un article intitulé : « Si vous vous sentez bien aujourd'hui, vous n'êtes pas normal. » L'article continuait : « Vous vous sentez en pleine forme aujourd'hui ? ... Si c'est le cas, le Service de la Santé Publique vous avertit que votre condition est « extrêmement anormale ». Il paraît qu'il est tout à fait anormal de se sentir en forme physiquement, mentalement et socialement.

En d'autres termes, si vous vous sentez bien à 100 pour cent, alors vous êtes malade ! Soudain, je fus pris d'un fou rire. Croire qu'à chaque fois que je me sentais mal et déprimé j'étais juste comme tout le monde ! Je commençais à me demander si cela avait été une erreur de passer à la Deuxième Étape. Je pourrais retrouver la raison et devenir *normal* – misérable en même temps.

Un autre titre a attiré mon attention : « Le bruxisme ». Il s'agit de gens qui grincent des dents pendant leur sommeil et se réveillent la bouche douloureuse et les yeux bouffis. (Si vous êtes marié, je suppose que le grincement des dents ne vous rend pas trop populaire auprès de votre conjointe.) Les causes en sont la dépression, le stress, et la colère réprimée et contrôlée ; surmonter ces obstacles vous apporte le soulagement. J'ai souffert de tous ces symptômes, mais je les appelais alcoolisme, pas bruxisme. Toutefois, je passais beaucoup de temps à grincer des dents figurativement envers le monde en général et certaines personnes en particulier.

Avant de lire ces articles, je ne m'étais pas rendu compte que j'avais presque perdu mon sens de l'humour. Je me prenais trop au sérieux. Mon inventaire contenait aussi beaucoup de lacunes. Je mélangeais mes vices et mes vertus. Je me rends compte à présent qu'il m'est impossible de connaître toutes les raisons de mes dépressions, mais j'essaie quand même de les trouver. Le soir, avant de m'endormir, je peux demander à ma Puissance supérieure de m'en débarrasser. Au début, cela me faisait un drôle d'effet de ne pas me sentir déprimé ou de ne pas avoir de pensées négatives. Et même cette impression-là me *déprimait* pour un bon moment.

La mauvaise humeur, la dépression, et le négativisme sont terriblement contagieux. Sous leur emprise, je porte atteinte à moi-même et à mes proches. J'ai pris des décisions stupides et j'ai refusé d'agir quand il fallait le faire, exactement comme au temps où je buvais. Mais le rire est tout aussi contagieux, de même que la bonne humeur. Ils font partie du rétablissement mental. Je me vois vraiment comme je suis et je suis prêt à m'aider moi-même et à accepter l'aide des autres. Être capable de rire de moi-même m'a permis d'être honnête.

Même Thomas Edison avait ses mauvais moments. On dit qu'il avait sur son bureau une carte sur laquelle on pouvait lire ceci : « Si vous vous trouvez au fond du gouffre, rappelez-vous que Jonas s'en est bien sorti. »

Une fois de plus, j'en suis venu à croire que le programme des AA, et surtout les Douze Étapes, peuvent m'aider à vaincre ma dépression aussi bien que mon alcoolisme. Je n'en reviens pas que, chez moi, l'alcoolisme et la dépression ont presque les mêmes symptômes.

Rien d'étonnant à ce que, dès le début, ce soit la joie partagée qui m'ait attiré chez les AA. Il ne faut jamais sous-estimer le pouvoir curatif du rire. Les AA m'ont appris à rire de nouveau et en le faisant, j'ai découvert un monde plus joyeux. J'en suis venu à croire que mon rétablissement dépend d'un sens de l'humour retrouvé et de la conviction que je ne dois pas me prendre trop au sérieux. La seule chose que je dois faire, c'est de remettre ma vie et ma volonté à Dieu – et ma dépression aussi. Les AA sont le meilleur antidépresseur que j'aie trouvé.

Évidemment, si l'article mentionné plus haut est véridique, je ne suis pas normal puisque je me sens si heureux dans le mouvement des AA. La plupart de mes amis AA ne se douteront de rien. Quoi qu'il en soit, on m'a déjà prévenu que si je guérissais totalement, je perdrais probablement tous mes amis.

M. U.
Brighton, Colorado

MAIS EST-CE VRAIMENT DRÔLE?
Novembre 1953

Une seule chose distingue vraiment l'alcoolique : son sens de l'humour. Il s'agit d'un sens de l'humour tout particulier, un sens de l'humour positif où le raconteur est lui-même la source, la victime et le sujet principal. Il se soutient lui-même, et ses compagnons, en relatant des anecdotes sur sa folie d'alcoolique. Il ne ressent aucune honte à raconter des histoires de bouteilles cachées et des fois où il ne trouvait plus de cachettes à utiliser. Oui, c'est vrai. Nous nous rappelons tous les recherches désespérées de nouvelles cachettes, comment nous avons exploré de fond en comble le grenier, les hortensias, les vieux manteaux au fond de l'armoire, les recoins insoupçonnés du compteur d'eau, du réservoir de la chasse d'eau. On était si malins et astucieux parfois qu'on aurait dû participer à des tournois d'échecs, nous connaissions tellement de passes. On trichait des fois en laissant la bouteille dans un endroit bien visible, derrière le canapé, par exemple, ou derrière les livres. C'était génial, jusqu'au moment de l'oubli fatal, lorsqu'on oubliait l'endroit où on avait caché la bouteille !

Ce n'était pas le genre d'informations qu'on pouvait demander aux membres de sa famille. Et il ne fallait surtout pas avoir l'air de chercher quelque chose. L'affaire était vraiment désespérée. Aucun sport n'était aussi dangereux et ne comportait plus d'angoisse, de tests de mémoire, de pièges, de récompenses et d'échecs que la « chasse à la bouteille. » Rappelez-vous comment vous plantiez une bouteille de mauvais vin dans les arbustes, sans bouchon ni rien, de peur que ce dernier ne fasse de bruit en l'ouvrant. Et les fois où vous aviez tellement hâte de retrouver la bouteille qui était tombée et ne contenait plus une goutte. Et c'était même un dimanche matin ! L'avenir semblait sombre... désespéré ... les yeux nous brûlaient, la bouteille était froide, vos mains tremblaient ... La bouteille était solide... vous étiez au bord du suicide. Et rappelez-vous la récompense et l'exultation suprêmes de retrouver la bouteille ! Rappelez-vous comment vous la saisissiez, les mains tremblantes de froid, lui parlant, lui chantant presque un hymne de louange... marmonnement... joie... enfin une amie... la bouteille ... la rasade... le glouglou ... et quel bonheur quand la chaleur vous pénétrait, vous offrant une lueur momentanée de confort – notre seule amie dans le monde. De tout cela on peut rire, à présent, tellement c'est comique et trop bouffon, même pour une pièce de théâtre.

Nous étions les clowns de l'une des plus grandes tragicomédies de la vie. Ensemble, ces ruses qui nous faisaient tellement honte auparavant, nous les soulevons et les accrochons à la tapisserie minable de nos vies d'alcooliques, pris d'un fou rire quasi hystérique à la pensée de nos folies. Le meilleur dans tout cela, c'est que nous rions uniquement de nous-mêmes.

Et de personne d'autre !

JIM
Sydney, Australie

CHAPITRE DEUX

JANVIER 1969

Par la
grâce de
Dieu

« *Même si mon partage n'aide personne, il fera
le plus grand bien à mon ego.* »

EGOS DÉMESURÉS

Les AA sur leur sujet favori : eux-mêmes

Il est difficile de l'admettre, mais l'ego refait souvent surface. Les AA – les nouvellement abstinents comme les anciens – aiment se sentir importants. Dans « Le meilleur préparateur de café des AA » un membre apporte des biscuits fins à son groupe pour montrer à quel point il prend soin d'eux, et refuse de demander de l'aide (ça ne ferait pas bonne impression). Dans « Le roi des crêpes », le type qui prépare des crêpes pour le petit-déjeuner hebdomadaire des AA reçoit beaucoup d'éloges pour ses efforts et plus tard, il a du mal à se faire remplacer ; personne d'autre ne les prépare aussi bien que lui.

Ce n'est que bien plus tard qu'ils peuvent prendre du recul et sourire de leurs agissements. À mesure qu'on apprend à s'aimer et qu'on s'efforce d'aider les autres, on espère ne plus avoir besoin de se sentir si important. Bien sûr l'ego resurgit, mais comme tout le reste, c'est une affaire de progrès, pas de perfection.

LE ROI DES CRÈPES
Octobre 2010

Environ six mois après avoir rejoint les AA, je me sentais bien. Puis, pour une raison quelconque, je suis devenu agité et mécontent, et je suis tombé du haut de mes nuages avec un bruit sourd. Nous vivions à Syracuse, NY, à l'époque, et mon parrain Ed m'a suggéré d'essayer diverses réunions et, une fois de plus, il a insisté sur l'importance de s'impliquer dans les services chez les AA. C'est alors que je suis tombé sur le petit-déjeuner aux crêpes du samedi matin et que mon parcours vers l'abstinence joyeuse a vraiment commencé.

« Notre chef habituel n'est pas là. Savez-vous cuisiner ? », demanda un grand type qui tenait une spatule de 45 cm près de mon visage. Je me suis dit qu'il valait mieux répondre oui et je l'ai suivi dans la cuisine. « Nous avons normalement environ 50 personnes pour le petit déjeuner, mais comme c'est un jour d'anniversaire, il se peut qu'il y en ait plus », dit-il, en montrant la grande boîte de mélange à crêpes et une énorme pile de galettes de saucisses. Heureusement, j'étais arrivé un peu tôt et j'avais quelques minutes pour préparer la pâte et amener la plaque de cuisson à la bonne température. Mes premiers efforts furent assez réussis. Puis, les habitués commencèrent à arriver en grand nombre et plus rapidement que je ne pouvais préparer la nourriture. Un couple de nouveaux m'a donné un coup de main bien nécessaire. Bientôt un système semi-opérationnel était en place, ce qui calma les réclamations pour plus de crêpes.

Après le petit-déjeuner, il y eut une bonne réunion suivie par une grande surprise. Lee E., le président du groupe, fit quelques annonces et finit son discours en disant qu'il tenait à remercier Norm et l'équipe de cuisine pour le bon petit déjeuner. Des applaudissements se firent entendre avec des félicitations pour un travail bien fait. Gagner le gros lot à la loterie ne m'aurait pas procuré plus grande joie ! Cela faisait six mois que j'étais en cours de rétablissement et ce groupe de personnes sympa me remerciait d'une tâche que j'avais trouvée amusante et enrichissante !

Après la réunion, pendant le nettoyage de la cuisine (la cuisinière et la spatule luisant de propreté), Lee me demanda si je pouvais les aider le samedi suivant. Génial ! J'ai attendu ce prochain samedi avec impatience. Je suis arrivé à 6 h 30, une demi-heure avant l'ouverture des locaux. Et commença ainsi un engagement de plus d'un an en tant que cuisinier/préparateur de café, ce qui m'a appris à apprécier le service aux autres. Ce fut un retour 10 fois supérieur à n'importe quel effort fourni, tout comme me l'avait promis mon parrain, Ed.

Mon deuxième samedi fut encore meilleur. Pour me préparer, j'avais consulté quelques livres de cuisine et bientôt mes crêpes étaient dorées et de taille uniforme, et les saucisses cuites à la perfection lorsque les membres commençaient à arriver. Un autre merci de la part de Lee, quelques compliments à la fin de la réunion, et j'étais lancé ! Plus rien ne pouvait m'arrêter. Un ou deux mois plus tard, la cuisine était prête à 7 h 30. Dans mon esprit, je gérais l'une des meilleures crêperies du siècle ! Je parlais de ma réussite à qui voulait l'entendre dans d'autres réunions partout dans Syracuse. Puis vint... le samedi noir !

Tout a commencé quand j'ai pris deux minutes de repos pour boire un peu de café. En retournant dans la cuisine, horreur ! – Dirk avait pris ma place. Il utilisait ma spatule pour retourner les crêpes sur ma cuisinière et avait déplacé la pâte à crêpes. Dans un silence furieux, j'ai respecté son ancienneté (il avait un an de plus que moi chez les AA), et j'ai pris le poste de sous-chef (verser le jus dans les verres) tout en observant avec mépris chacune de ses erreurs. Lorsque Lee nous remercia ce matin-là, j'étais très gêné, car les crêpes de Dirk n'étaient pas de la bonne taille, et plusieurs de ses galettes de saucisses étaient brûlées. Je sentais que ma réputation allait en souffrir.

Une réunion d'urgence avec Ed suivit cet incident. Je donnai libre cours à ma colère contre le comportement agressif de Dirk pendant qu'Ed me regardait avec perplexité. Il me dit alors de ne pas me prendre trop au sérieux, de laisser aller, et de continuer mon service lors des réunions de petit déjeuner. Tout allait s'arranger. Il répéta aussi que j'avais cette manie des grandeurs et me rappela que j'avais tendance à m'enflammer pour un rien. « Ton ego puéril s'empare de toi encore une fois », me dit-il en me laissant ce matin-là. À présent j'en voulais non seulement à Dirk, mais à Ed aussi !

J'ai pu résoudre le problème le samedi suivant et ceux d'après. Dès que j'arrivais à 6 h 30, je m'accaparais de la spatule et je ne la laissais plus tomber durant tout le petit déjeuner. J'ai même demandé à un nouveau gars que je parrainais de remplir ma tasse de café pour qu'aucune autre personne ne vienne prendre ma place au poste de commande. Je ne pense pas avoir pris la peine d'informer Ed de mon astuce. Mis à part mon ego, ce fut une étape importante dans mon rétablissement. En arrivant tôt, j'ai eu l'occasion de mieux connaître quelques-uns des membres du groupe et de nouer des amitiés qui continuent à ce jour. L'engagement et la responsabilité qu'exigeaient cette tâche se manifestèrent dans d'autres aspects de ma vie, et je suis devenu un meilleur mari, père et employé. Si j'étais capable de garder propres la spatule et la cuisinière, peut–être pourrais-je aider ma femme dans notre cuisine. Si je pouvais ignorer les intrusions de Dirk, peut-être pourrais-je avoir plus de patience avec mes enfants. Et si je pouvais écouter Ed, peut-être pourrais-je me prendre un peu moins au sérieux et devenir plus plaisant avec les gens autour de moi.

Après environ un an dans mon poste de roi des crêpes, mon fils a commencé à jouer dans une ligue de hockey pour jeunes, et je me suis porté volontaire pour les entrainements de l'équipe qui se déroulaient à la patinoire tous les samedis de 7 h à 8 h du matin. C'est donc à contrecœur que j'ai abandonné mon poste important à la réunion. À ma surprise, j'ai découvert que j'avais, à la patinoire, le même sens de la responsabilité qu'à la réunion des crêpes. Certaines des bonnes habitudes développées en tant que chef des crêpes se sont transmises à mon rôle de père. Une bien belle surprise !

Quand la saison de hockey de quatre mois fut terminée, je suis retourné à la réunion des crêpes. Je craignais qu'on n'ait fermé la cuisine puisque je n'étais pas là pour tout diriger. Surprise... elle était plus grande que jamais ! Et lors des remerciements à la fin de la réunion, on n'a jamais mentionné qu'un ancien chef célèbre était présent dans la salle ! Difficile à croire. Mais à ce moment, mon ego avait quelque peu diminué, et Ed et moi avons souri à l'oubli de Lee.

Plusieurs autres occasions de service se sont présentées au fil des ans, avec toujours une bien grande récompense pour l'effort que j'y mettais. Il y a quelque temps, mon épouse Lesley et moi sommes allés à une réunion à laquelle nous n'avions pas assisté depuis un moment. Nous avons appris que le préparateur de café ne s'était pas présenté la semaine précédente, que les assistances diminuaient et qu'on envisageait de fermer le groupe. Lesley nous porta volontaires pour assumer les fonctions de préparation du café, et en un rien de temps, la réunion se remit sur pied. Pas d'applaudissements cette fois, mais la satisfaction de revoir la salle pleine de vie et l'enthousiasme revenu. Une fois de plus, une grande récompense, ce qui me semble être la norme en matière d'opportunités de service chez les AA.

Nous avons déménagé en Caroline du Nord il y a trois ans, mais je souris souvent quand je pense à ma première opportunité de service lors de la réunion des crêpes. J'ai aussi eu la chance de trouver bien d'autres occasions d'aider dans le programme au fil des ans, comme animateur à différentes réunions, quelques postes de secrétaire de groupe, plusieurs postes de trésorier et de RSG ; et j'ai eu le privilège de parrainer un bon nombre d'hommes. Toutes ces opportunités ont joué un rôle important dans mon rétablissement, enrichissant ma vie bien au-delà de tout effort de ma part.

On m'a dit dès le début qu'on ne peut garder ce qu'on a reçu si on ne le partage pas. Pour moi, c'est un privilège de faire partie de ce merveilleux Mouvement. M'engager dans les services chez les AA fut un privilège plus grand encore. En tant que nouveau, on m'a conseillé de ne pas boire, de suivre les 12 Étapes et de m'impliquer – un conseil merveilleux qui a donné un sens à ma vie.

NORM H.
Cary, Caroline du Nord

LUMIÈRES ÉBLOUISSANTES, GROS EGO
Septembre 2004

Ma première tentative d'abstinence remonte à 1988. J'ai assisté aux réunions chaque soir, j'ai lu le Gros Livre et j'ai prié. Je, Je, Je ... Voyez-vous, bien que je priais Dieu, je sentais que je règlerais tous mes problèmes par moi-même. Je vivais dans une communauté appelée Montego Bay. Comme je ne conduisais pas, mes amis me conduisaient aux réunions. Un soir en particulier, j'étais vraiment de mauvaise humeur. Rien de ce qui avait été dit à la réunion ne m'avait intéressée et tout le long du chemin de retour, je me demandais à quoi bon devenir abstinente. Puis un miracle est survenu au moment où nous nous approchions du panneau « Montego Bay » - les ampoules ont sauté l'une après l'autre. La seule partie du panneau qui restait illuminée était « ego ». Personne ne semblait s'en apercevoir, et je l'ai interprété comme un signe de Dieu. Mon ego avait mis Dieu de côté et mon orgueil et mon égoïsme bloquaient ma sérénité. Ce soir-là, tout prit immédiatement un tour meilleur.

CAROL T.
Bishopville, Maryland

LES HAUTS ET LES BAS DE L'EGO
Août 1978

Pour bien planter le décor, je dois avouer que je suis une détenue dans une prison pour femmes. Dans le dortoir où je vivais au début, il y avait un groupe de femmes, les lève-tôt, qui se réunissaient dans la salle de séjour chaque matin pour prendre une tasse de café et bavarder un peu avant d'aller au travail.

Après plusieurs mois d'incarcération, je commençais à perdre le poids que j'avais pris au cours de mon année de liberté sous caution, et je commençais à me sentir beaucoup mieux. De plus, je m'ajustais mieux à mon entourage et j'étais moins tendue. Ces petites réunions matinales étaient généralement agréables, et nous avions l'habitude de nous complimenter copieusement les unes les autres, peut-être simplement pour nous remonter le moral.

Puis, tout d'un coup, j'ai commencé à recevoir des insultes au lieu des compliments. Après que j'aie maigri de neuf kilos, une femme a commencé à me faire de petites remarques telles que « Tu ne prends pas de poids, hein ? » Au début, j'ignorais les remarques, mais elle s'est faite plus incisive et s'est mise à critiquer le fait que je me maquillais. Puis elle déclara que depuis mon incarcération, j'avais l'air d'avoir vieilli de dix ans. Après quelques semaines d'insultes matinales, j'ai décidé de boire mon café du matin dans ma chambre. La vie en prison est suffisamment décourageante.

Les insultes firent cependant leur effet et je commençai à me demander si, effectivement, j'avais perdu mon look. J'étais à l'affut des petites rides et je m'observais longuement dans le miroir pour m'assurer que je ne prenais pas de poids. Du poids, j'en perdais toujours, sans doute à cause des soucis. Mon ego se remettait lentement de cette grande dévastation et toute petite brimade avait sur lui un effet disproportionné. Une petite remarque sarcastique ruinait ma journée.

Puis, un dimanche, quelques visiteurs du monde extérieur – deux femmes et deux hommes, sont venus rendre visite à notre groupe des AA. Ils m'ont entourée d'attention, parce qu'ils avaient entendu dire que j'avais écrit un article pour Grapevine, et qu'il avait été accepté (« Mon nom est Helen, » Juillet 1977). Avant le début de la réunion, j'ai eu une conversation agréable avec ces visiteurs. J'avoue que toute cette attention m'a fait vraiment plaisir.

Quand la réunion a commencé, j'ai pris le siège dans la rangée avant avec les autres détenues. Je faisais face à la table où se trouvaient les visiteurs. L'un des messieurs – je vais l'appeler Joe – n'arrêtait pas de me regarder et de me sourire. Les trois autres visiteurs ont parlé, et pendant tout ce temps, Joe me regardait en souriant. Je commençais à croire que je n'étais pas si mal après tout, et je lui lançais mon plus beau sourire quand nos yeux se croisaient. Je me sentais sacrément bien – mais il fallait que mon chemisier soit bien boutonné et que ma jupe couvre bien mes jambes. Je sentais la chaleur me monter aux joues sous le regard insistant de cet homme.

Enfin, ce fut au tour de Joe de parler. Il était évident qu'il m'avait choisie parmi la foule pour m'adresser la parole, et il continuait à poser sur moi son regard souriant. Je hochais la tête quand il disait quelque chose de profond, et je riais joyeusement quand il disait quelque chose de drôle. Pendant tout ce temps, j'étais aux anges parce que mon ennemie était présente, et Joe ne cachait pas son appréciation pour ma beauté, peu importe l'opinion de l'autre.

Joe finissait son discours tout en me regardant avec le sourire aux lèvres, et son attention me montait tout droit à la tête. Puis il nous parla de l'accident qui lui avait coûté la vue il y a quelques années. Joe était complètement aveugle.

J'ai dû me retenir pour ne pas éclater de rire. Cette réunion m'a ramenée sur terre et m'a appris à relativiser les choses.

H. P.
Floride

LE MEILLEUR PRÉPARATEUR DE CAFÉ DES AA
Février 1988

« Les AA ne fonctionnent pas dans mon cas, » dit-il. « Ça ne marche pas pour moi non plus, » répondis-je. Mon nouvel ami n'était pas dans sa meilleure forme, il quittait l'hôpital. Je l'aidais à remplir des formulaires, puisque ça faisait partie de mes responsabilités. Une certaine lueur manquait dans ses yeux, il était maigre comme s'il n'avait pas mangé depuis longtemps. Quelle qu'ait été la raison de son hospitalisation, il avait une mine squelettique.

Non seulement à cause du manque de nourriture, mais de la faim spirituelle.

Le pire, c'est qu'il avait l'air de quelqu'un qui n'avait pas vu ni entendu quelque chose d'humoristique depuis des années.

Mais il souleva la tête et me regarda. J'étais sûr que ma réponse l'avait surpris. J'ai eu un grand sourire parce qu'il me regardait en face pour la première fois. C'est alors que je lui ai raconté l'histoire de « Quand j'étais préparateur de café. »

« Je me suis fait rouler », lui dis-je. « Obligé à y aller contre ma volonté. En passant, à combien de réunions AA as-tu déjà assisté ? »

Il haussa les épaules en me disant : « Je ne sais pas, une douzaine peut-être, mais ça ne marche pas pour moi. » « Pour moi non plus, » ai-je répété.

On m'a forcé à assumer la tâche de préparateur de café des AA, (lui ai-je expliqué). Il s'agissait de l'une de nos plus grandes réunions : 80 personnes ou plus. Je fus mis en candidature et élu à ce poste à l'unanimité, personne n'a voulu se présenter contre moi. Un grand honneur ! C'est alors que j'ai décidé de leur montrer de quoi je suis capable. J'ai donc accepté, mais une semaine plus tard, j'avais pris ma revanche sur le gars qui m'avait nommé, je l'ai convaincu de devenir mon parrain !

Vous allez me dire que c'est bien facile de préparer le café. Eh bien non, c'est vraiment difficile. Surtout quand il faut en préparer pour 80, 90, même 100 alcooliques, les mêmes qui viennent toutes les semaines et qui ont l'air de ne rien apprécier. J'avoue que ce n'est pas un pique-nique.

La réunion se déroulait tous les vendredis à 18 h 30, deux heures après ma sortie du bureau qui se trouvait à l'autre bout de la ville. Il fallait donc que je fasse tout ce chemin et que je prépare tout sans même m'arrêter chez moi. De plus, je devais faire un arrêt en route pour acheter du gâteau à la boulangerie. Il fallait bien que le gâteau soit frais, on avait quand même de la classe ! Et surtout, pas de colorant non laitier, je n'achetais que de la vraie crème. Et le café ? Rien que la meilleure qualité ! Je voulais leur prouver que j'étais capable d'assumer !

J'ai déniché un endroit où l'on vendait du café gourmet et j'en achetais cinq ou six livres à la fois. Ils me suppliaient tous de leur donner mon secret.

Et ce ne fut pas tout, mon vieux. Non seulement j'avais à préparer deux grandes carafes à café et de l'eau chaude pour le thé, je devais également mettre en place de grandes tables pour toute la salle, aligner les chaises, mettre en place les brochures gratuites et tout préparer pour le secrétaire. Et il fallait que tout soit prêt avant l'arrivée des autres, je voulais leur montrer que j'avais tout fait sans aide. Ah oui ! Après la réunion, il fallait ranger les tables et les chaises et laver les carafes à café. C'était difficile de ne pas permettre aux autres de m'aider à tout nettoyer, j'ai donc fini par capituler.

Bref, pour faire une histoire courte, j'ai accompli cette tâche chaque semaine en grinçant des dents, pendant six longs mois. Jamais il ne m'est venu à l'esprit que j'avais peut-être tort d'agir ou de penser ainsi. Mais j'étais déterminé à leur prouver ma valeur. Je me pointais chaque semaine, totalement abstinent. Évidemment, je savais que lorsqu'il serait temps de passer à la relève, je serais celui qui rirait en dernier. Je faisais attention à tous les détails : pour la Saint Valentin, c'était les biscuits en forme de cœur, pour le jour de Saint-Patrick, j'ai apporté des biscuits verts en forme de trèfles. Je savais où trouver les gâteaux les plus frais aux meilleurs prix, et une fois par mois, je leur présentais un gros gâteau d'anniversaire. Je savais exactement comment mettre

---

ENTENDU DANS UNE RÉUNION :

« JE DOIS FAIRE CERTAINES CHOSES POUR ME DÉCENTRER L'ESPRIT DE MOI-MÊME ET DU CENTRE DE L'UNIVERS. IL Y A TROP DE MONDE, DE TOUTE FAÇON. »

JIM F., TASMANIE, SEPTEMBRE 2008

en place toutes les chaises et les tables dans le moins de temps possible pour accueillir le plus grand nombre de personnes dans le plus petit espace possible. Personne d'autre ne connaissait mes secrets parce que je faisais tout moi-même. En d'autres termes, la réunion se déroulait grâce à une seule personne : moi, le préparateur de café. C'était ça, la revanche parfaite, tout ce que j'avais à faire, c'était d'attendre la dernière semaine de mon mandat. Je me suis levé et j'ai annoncé que ma tâche était bien terminée. Ils ont vite fait d'élire un pauvre nouveau pour prendre ma place et je lui ai remis les clés. Je savais bien que je ne serais pas de retour la semaine suivante et il n'y aurait personne pour aider ce pauvre type. Il n'aurait qu'à se débrouiller tout seul. Il allait sûrement démissionner lorsqu'il se rendrait compte de tout le travail qu'il y avait à faire. Ils ne pourraient jamais trouver quelqu'un pour me remplacer et n'auraient personne pour arranger les chaises et préparer le café. Je me suis dit que ces réunions n'allaient pas durer plus d'un mois avant de fermer complètement.

Mais une chose m'échappait toujours – le fait que ce travail stupide me manquait ! J'ai tenu bon et je n'allai plus à cette réunion (je m'attendais toujours à entendre que la réunion avait été annulée). Mais j'avoue que je regrettais de ne plus avoir une mission importante à accomplir chaque vendredi soir.

J'ai également constaté une chose à laquelle je n'avais pas vraiment pensé : cela faisait six mois que j'étais totalement abstinent. C'était peut être dû au fait que, pour une fois, j'étais forcé de penser à quelqu'un d'autre. Peut-être que j'avais pris ce poste de préparateur de café avec la même mentalité tordue que j'avais lorsque je buvais encore. Mais je m'étais présenté, j'avais accompli la tâche et je me sentais mieux. Et ce n'est pas tout ! Je commençais même à me faire des amis, les autres me parlaient et se souvenaient de mon nom.

Peut-être que « ça marchait » en dépit de moi.

Eh bien, il ne fallut pas longtemps avant que je ne me trouve un autre poste de service chez les AA, comme animateur pour une autre réunion. Depuis lors, j'ai eu au moins un poste où je devais me présenter régulièrement et ne pas être le centre de mon univers.

Voyez-vous, c'est pour cette raison que le mouvement des AA ne me rend pas service, c'est plutôt moi qui leur rend service. *Je travaille pour les AA*, car si je ne le faisais pas, je ne ferais pas de progrès. Le rétablissement dépend du service.

Pardon ? Vous voulez savoir ce qui est arrivé à la réunion après mon départ ? Eh bien, j'y suis retourné quelques semaines plus tard pour voir son état piteux. C'était vraiment minable. Le type qui m'a remplacé en tant que préparateur de café ne savait rien mettre en place. Les choses étaient rangées pêle-mêle. Inutile de vous le dire, le café était d'une qualité lamentable. Le pire, c'est que le préparateur de café arrivait bien plus tard que je ne l'ai jamais fait, il ne pouvait donc pas tout faire par lui-même, les autres ont dû l'aider. C'était presque comme s'il trichait et j'en étais scandalisé.

Mais malgré toute cette misère, les réunions se déroulaient toujours sans avoir besoin de ma présence. C'était il y a deux ans et à présent, je suis le représentant auprès des services généraux dudit groupe. Plusieurs préparateurs de café sont venus et partis, mais je suis sûr que chacun d'eux prend sa tâche aussi sérieusement que je le faisais. Devenir abstinent, c'est du travail sérieux, n'est-ce pas ? Dites donc, pourquoi riez-vous ?

BART B.
San Francisco, Californie

MA CRISE DE THÉ GLACÉ
Septembre 2009

« Lesley, pourrais-tu me donner un verre de thé glacé ? » ai-je lancé de mon fauteuil, mon genou droit reposant sur un oreiller suite à une opération du genou. « Bien sûr ! », me répondit la voie joyeuse de la belle dame qui m'a gardé pendant toutes ces années en dépit de mes humeurs souvent ombrageuses. « Voilà... J'ai une réunion et je dois sortir », dit-elle en me donnant la bouteille de thé glacé et un verre rempli de glaçons, puis elle se dirigea vers la porte.

J'étais en train de verser le thé quand j'ai remarqué avec horreur que le verre ne contenait que quatre glaçons. Je n'ai pas demandé un verre de thé tiède, ce que je voulais, c'était un verre de thé glacé ! Tout buveur de thé le sait ; il faut au moins huit glaçons, plutôt 12 pour un bon thé glacé ! À quoi a-t-elle pensé ?

« LESLEY » ai-je crié, mais je voyais bien que sa voiture quittait le garage. Je me suis emparé de mon téléphone portable et ma première pensée (d'alcoolique) a été de la faire revenir dans la maison pour qu'elle accomplisse la tâche... convenablement cette fois. Mais au moment d'appuyer sur le bouton d'appel, la tête de mon ancien parrain, Ed L., m'est venue à l'esprit. Il me regardait par-dessus ses lunettes avec un demi-sourire, tout en secouant la tête lentement.

« Norm, quel idiot tu fais ! Ton ego puéril te fait croire que le monde entier te tourne autour et doit être capable de lire tes pensées. Nous devrions tous nous soumettre à tous tes caprices, et faire tout exactement selon tes désirs. Quand est-ce que tu vas changer ? » me répétait-il souvent.

J'ai reposé le téléphone, me souvenant que j'essayais toujours de me donner de l'importance. Je veux ce que je veux, quand je le veux, comme je l'ai précisément commandé.

Je me connais mieux à présent, mais tout de même, le passé vient toujours me hanter, souvent avec force.

Cela fait un bon moment depuis ma crise de thé glacé. J'y pensais, toutefois, l'autre jour, quand on m'a présenté mon jeton d'anniversaire de 32 ans. La même dame douce qui ne sert que quatre glaçons à la fois m'a présenté le médaillon devant mon groupe d'accueil. Elle leur raconta comment l'homme qu'elle était sur le point de jeter dehors il y a bien longtemps est devenu un bon mari, un père et plus récemment un grand-père attentionné.

Au lieu de l'homme maladroit et de l'âme perdue qui voulait tout contrôler, se tenait au milieu de ce groupe un membre très reconnaissant s'estimant chanceux de faire partie de ce merveilleux mouvement. Quel parcours bien rempli ! Cela n'a pas été facile ni sans heurts, mais le progrès est réel.

Je suis sur le bon chemin, et pour ça, j'en suis reconnaissant. Deux pas en avant et un en arrière semblent être mon mode de fonctionnement. Je suis toujours aussi exigeant, souvent puéril et égoïste, même après toutes ces années. Quand je fais des bêtises, toutefois, je sais quoi faire : je parle à mon parrain, je relève le menton et je me rends à une réunion. Le faux-pas est oublié... jusqu'au prochain. Mon but dans la vie est de progresser, pas d'arriver à la perfection.

Je sais qu'avec les Étapes comme phares, avec tous les outils dont je dispose, et une Puissance supérieure toujours présente, je vais sûrement m'en sortir. Il y a 32 ans on m'a dit : « Ne bois plus, assiste aux réunions et tout s'arrangera. » C'est le meilleur conseil que j'aie jamais reçu !

NORM H.
Cary, Caroline du Nord

CHAPITRE TROIS

MAI 2007

« Bon ! Je viens de terminer mes 90 réunions en 90 jours !
Quand allez-vous me dire comment cela fonctionne ? »

TORDU

Les premiers pas chez les AA vus sous un angle plus léger

Difficile de se souvenir, après plusieurs années dans le programme, à quel point tout cela était déconcertant au départ — essayer de progresser tout au long des Étapes en apprenant à comprendre ce que signifient les Traditions, à gérer le premier événement social sans prendre un verre, à nouer des liens et à faire confiance aux autres. Dans leur courrier, les membres rapportent leur surprise lorsqu'ils s'aperçoivent que personne ne remarque ou ne semble intéressé par le fait qu'ils ne boivent pas, comme dans l'histoire « Comment se comporter pendant une fête » . D'autres font part de leur sentiment d'une certaine joie de vivre retrouvée. « Mon sens de l'humour a été l'une des nombreuses choses que j'avais perdues au moment où je suis arrivé chez les AA. Maintenant — avec 14 mois à sec et peut-être un mois d'abstinence à la ceinture — certaines de ces choses ont commencé à revenir, » écrit l'auteur de « De drôles de choses se passent. » Les histoires présentées dans ce chapitre portent sur les fausses manœuvres, découvertes et leçons apprises les premiers jours.

APPRENDRE À VOLER
Février 1992

J e m'appelle Sybil et je suis alcoolique. J'ai rejoint ce Mouvement en 1941 et je veux juste vous rappeler un peu les vieux jours, ce que j'appelle les jours des vieux charriots couverts.

Il y a deux semaines, mon mari m'a demandé si je pouvais me rappeler de mon dernier verre, et j'ai répondu : « Oui, je le peux ». J'étais au volant, un jour, et je voulais rentrer chez moi, mais j'avais peur parce que j'étais incapable de regarder qui que ce soit en face, et je me suis retrouvée à San Francisco. C'était le lendemain et je ne pouvais assurément pas rentrer chez moi. Mais que faire ? Tremblant et transpirant de tous mes membres, les yeux injectés de sang, le visage bouffi, j'étais à court de mensonges, et j'ai pensé que si je rentrais tout de suite, ce serait trop tard. Je n'avais aucun alibi pour me justifier.

J'ai garé ma voiture, me suis promenée et arrêtée devant le panneau, « Sultan Turkish Baths ». J'ai décidé que je pouvais suer là où j'étais et me remettre en forme, mais j'ai pensé que je devrais avoir quelque chose à lire. Je me suis donc arrêtée à un kiosque de journaux et j'ai acheté, pour cinq cents, un numéro du *Saturday Evening Post*. Il était daté du premier mars 1941 et la couverture titrait : « *Alcoholics Anonymous* », de Jack Alexander. J'étais abasourdie parce que j'avais lu quelque chose à propos des AA en 1939, dans le *Liberty Magazine*, je crois, un petit paragraphe d'environ un pouce. Même cela m'avait impressionnée et j'ai eu l'intention de le découper et de le mettre de côté, mais je ne l'ai pas fait. Et je le retrouvais ici. Le magazine acheté, j'ai pris un bain turc et bien que mon trop mauvais état m'empêchât de penser, je savais qu'il y avait de l'espoir.

J'avais comme l'impression qu'il y avait un hôpital ou une clinique des AA, ou quelque chose du genre, mais à la fin de l'article, il était écrit que, si vous aviez besoin d'aide, vous pouviez écrire à une boîte postale quelque part à New York. J'appelai le préposé aux bains et lui demandai un crayon, du papier, une enveloppe et un timbre, et je pense que j'écrivis une lettre plutôt pitoyable à New York. Je disais que j'étais une alcoolique désespérée et que je comptais prendre le prochain avion pour suivre la thérapie.

La réponse arriva quelques jours plus tard, par courrier spécial par avion, de la part de Ruth Hock, Dieu la bénisse ! Il s'agissait de la secrétaire non alcoolique de Bill W. et elle l'avait été pendant de nombreuses années lorsque Bill était à Wall Street. Elle travaillait toujours pour lui et répondait à tous les courriers de l'article du *Saturday Evening Post*. Elle répondit à ma lettre et me dit : « Vous n'avez pas besoin de venir à New York, un groupe se trouve à Los Angeles. Il couvre toute la Californie. Le groupe est très petit et n'a pas eu la vie facile. Ils se sont réunis dans des halls d'hôtel, mais ils se rencontrent maintenant au Elks Temple tous les vendredis à 20 h 30. » Elle ajouta, « Je suis sûre que vous serez très bien reçue. Ils n'ont pas de femmes alcooliques en Californie. »

Un immense espoir que tout allait bien se passer m'envahit alors. Je me suis habillée, mais ne parvins pas à me peigner. J'ai donc noué un turban autour de ma tête et rassemblé mes cheveux dessous ce morceau de tissu avant de descendre. Lorsque je suis arrivée au Elks Temple, on me dirigea vers une petite salle à manger où je trouvai assis autour d'une table 10 à 12 hommes ainsi que deux femmes. Je me fis invisible, du moins autant que possible, parce qu'ils avaient tous l'air contents et ils parlaient en riant. Je me dis qu'ils devaient tous être médecins, infirmières et ainsi de suite et qu'ils allaient me donner un comprimé à un moment donné, la pilule magique qui guérit tout.

Enfin, un homme se leva et frappa sur la table pour ramener le calme. Il dit ensuite : « Ceci est une réunion régulière des Alcooliques anonymes en Californie. Nous formons une bande d'ex-alcooliques et observons une abstinence continue sans aucune sorte de réserve. » « Quel ordre ! » me suis-je alors dit, « Je ne pourrai pas m'y faire ! » Eh bien, je n'ai jamais eu à m'y faire ce soir-là. On ne m'en a pas donné la possibilité parce que tout de suite après, la même personne déclara :

« Et comme à notre habitude avant le début de la réunion, vous, les femmes, veuillez quitter la pièce ». Et ces deux femmes, que j'avais à peine remarquées tellement j'étais effrayée, sont sorties pour regagner l'entrée. J'ai su plus tard qu'il s'agissait des épouses. Elles ne faisaient pas partie des Alcooliques anonymes et avaient l'habitude de quitter la salle et d'attendre à l'entrée pour revenir plus tard avec du café et des pâtisseries. Mais sur le coup, je pensais que cela avait été fait exprès pour me mettre dehors. Et ça a marché parce que, les mains sur le visage, je suis sortie en courant dans l'entrée. J'ai traîné un moment dans les toilettes des dames jusqu'à friser l'hystérie. Je me suis alors jetée dans ma voiture pour me diriger vers un bar où je me suis vraiment bien saoulée.

Je me suis dit : « Jusqu'à quel point peut-on être exclusif ! Me faire sortir de cette façon ! » Et tandis que je buvais, devenant toujours plus pâle, je me suis tournée vers les gens présents à mes côtés dans le bar pour leur dire : « Je suis membre des Alcooliques anonymes » et ils me répondirent : « Et alors ! » À deux heures du matin, alors que le barman essayait de me faire sortir, j'ai appelé Cliff, du livre *Le mouvement des AA devient adulte.* Cliff et Dorothy s'étaient occupés de tous les appels pour les Douze Étapes en Californie depuis les débuts du groupe en 1939. J'ai fait part de mon indignation et leur ai dit : « Je suis allée voir votre groupe ce soir et ils m'ont mise dehors ! » Cliff répondit : « Oh non, je suis sûr qu'ils n'ont pas pu faire ça. Est-ce que vous leur avez dit que vous étiez alcoolique ? » J'ai répondu : « Bien sûr que

---

ENTENDU DANS UNE RÉUNION :

« LE PROBLÈME AVEC LA GRATIFICATION IMMÉDIATE, C'EST QUE CE N'EST PAS SUFFISAMMENT RAPIDE. »

RICK W., NEW YORK, NEW YORK, JANVIER 2009

non. Non, ils m'ont directement jetée dehors. » Il dit : « Eh bien, nous avons besoin de vous. S'il vous plaît, revenez. Nous n'avons pas de femmes alcooliques ». Lorsque j'ai entendu les mots « Nous avons besoin de vous », je me suis dit : « Je suis une bonne sténo et je devrais proposer mes services de bénévole ». Puis je me suis dit : « OK. Maintenant, j'en ai assez de tout ça et tout ce que je veux, c'est que les AA m'envoient leur ambulance. » Il me répondit : « Nous n'en avons pas, mais revenez vendredi prochain, le soir, et dites que vous êtes alcoolique. Vous serez reçue comme une fleur au mois de mai. »

Je ne me rappelle plus ce que j'ai fait cette semaine-là. J'ai sans doute bu, pour me dessaouler et me saouler encore. Ce que je sais, c'est que c'est un miracle si j'y suis retournée, ce que je fis grâce à Dieu ! Par contre, je n'y suis pas retournée seule, parce que mon frère, Tex, est venu me voir cette semaine-là. Il est arrivé chez moi et a pris le prospectus que Ruth m'avait envoyé de New York par la poste, le seul dont les AA disposaient. Il s'agissait d'un prospectus très mince qui contenait quelques informations de base sur les Douze Étapes et, tandis qu'il le lisait, il avait une bouteille dans sa poche révolver, comme d'habitude. Lecture faite, il dit : « C'est intéressant, Syb. Ils savent vraiment de quoi ils parlent. Alors tu y vas vendredi prochain, hein ? » « Oui, Tex. » Alors il dit : « Bien, j'y vais avec toi. » Il dit : « Je vais te dire la vérité — la raison pour laquelle je veux y aller. Les gens qui travaillent pour moi là-bas à Skid Row, impossible de monter une équipe régulière. » Il était marchand de légumes à l'époque et faisait une livraison en camion à quatre heures du matin, et les soulards ne se présentaient pas parfois. Il me dit alors : « Si je pouvais les rendre abstinents, je pourrais gagner beaucoup d'argent. Ce que je vais faire, donc, c'est les emmener tous là-bas et les remettre sur pieds. »

J'appréhendais donc ce vendredi soir parce que Tex s'était ramené devant chez moi dans son camion à légumes avec 11 soulards à l'arrière. Je grimpai dans la cabine du camion à côté de Tex et nous nous mîmes en route pour nous rendre à la réunion. Plus de personnes s'étaient présentées cette semaine, mais l'impact du *Saturday Evening Post* ne s'était pas encore fait sentir. J'ai tout de même pu écouter les Douze

Étapes, et même le cinquième chapitre.

À la fin de la réunion, Frank R., Dieu le bénisse — c'est lui et Cliff qui me parrainaient — tendit la main vers un tas de lettres qu'il avait reçues suite à l'article. Des centaines de lettres écrites par des alcooliques. Il jeta un coup d'œil au petit groupe réuni ici avec Tex et ses soulards, et une quinzaine d'autres personnes, et il dit : « Bon, nous devons ramener tous ces ivrognes ici pour vendredi prochain. Nous devrons donc diviser ce paquet en plusieurs petits tas. Si quelqu'un parmi vous est de Riverside County, annoncez-vous et prenez ces appels de Douzième Étape. » Tex se présenta devant lui et Frank lui donna 40 ou 50 lettres d'alcooliques demandant de l'aide pour qu'il les lise et y réponde. Il dit ensuite : « Y a-t-il quelqu'un de la côte ? » Un homme leva la main, Curly, de Long Beach, et il se présenta pour prendre de 40 à 50 lettres. Et Frank continua ainsi — Pasadena, Santa Monica, et un type de Fresno, un autre de Santa Barbara et ainsi de suite, jusqu'à ce qu'il ne reste qu'une pile de lettres, environ un cinquième du tout.

Il dit alors : « J'ai gardé ce tas-là pour la fin parce que nous avons maintenant une femme alcoolique parmi nous. Elle s'appelle Sybil. Viens ici, Sybil. Je te charge de toutes ces femmes. » Je dois être honnête et dire que je me suis présentée à lui en disant : « Eh bien, je serai sans doute soûle vendredi prochain. Je l'ai toujours été. » Puis j'ai ajouté : « Qu'est-ce que vous allez faire ce soir ? Qu'est-ce que vous allez me dire qui fasse que les choses changent ? Que les choses changent après avoir franchi le seuil de cette porte ce soir et que, pendant toute la semaine je ne me retrouve plus seule, l'estomac retourné et les mains moites ? » Je continuai en disant : « Qu'est-ce qui va changer ? Vous devez faire quelque chose ce soir. Comment est-ce que je peux m'empêcher de boire pendant toute une semaine ? J'aimerais pouvoir sortir et sonner aux portes pour ramener tous ces ivrognes, mais je n'ai pas encore lu le Gros Livre. » Il me répondit alors : « Je le sais. »

Je poursuivis : « À vrai dire, je n'ai même pas lu votre brochure. Je ne me suis pas sentie suffisamment bien pour ça. » Il m'interrompit : « Je le sais. Vous m'avez demandé comment vous pourriez vous empêcher de boire jusqu'à vendredi prochain. Je vais vous répondre. C'est bien écrit dans ce Gros Livre que vous n'avez pas lu. Quelque part dans le Gros Livre, il est écrit que lorsque la où toutes les autres méthodes avaient échoué, l'action auprès d'un autre alcoolique sauvait la situation. Maintenant, je vais vous dire très simplement quoi faire. Prenez ce tas de lettres et, demain matin, commencez à aller sonner aux portes et, quand la femme ouvrira la porte, vous lui demanderez ceci : 'Est-ce que c'est vous qui avez écrit cette lettre pour demander de l'aide pour votre problème d'alcool ?' Et quand elle répondra 'Oui', alors vous direz : 'Eh bien, moi aussi j'en ai écrit une comme ça la semaine dernière, et on m'a répondu. J'y ai été et je les ai vus. Je n'ai pas compris comment ils y arrivent, mais ils y arrivent. Ils ont l'air bien. Si vous voulez arrêter de boire autant que je le veux, venez avec moi et on verra cela ensemble.' »

« Oh, ai-je répondu, je pense que ça, je peux le faire. » J'ai donc pris les lettres et je les ai ramenées à la maison. Le lendemain, je me suis préparée et j'ai commencé à sonner aux portes. Mon frère, Tex, m'a rejoint en disant : « Je vais me promener avec toi pour m'amuser. » Eh bien, il n'y rien eu de drôle. Nous avons fait tous ces appels et, sur 50 personnes, nous en avons eu une douzaine au moins. Certaines des lettres avaient été écrites par des femmes qui voulaient que leur voisin du dessus ne fasse plus tant de bruit les samedis soir ; parfois, la femme avait écrit pour parler de son mari qui était alcoolique, et Tex tombait à pic dans ces cas-là. Certaines lettres avaient bien été écrites par des femmes qui demandaient de l'aide.

Nous avons ramené un certain nombre de femmes et quelques hommes. Notre nombre augmenta — je veux dire que nous nous sommes multipliés comme des champignons. Et voici ce qui se passa. Frank m'avait dit : « Tu auras la charge des femmes.» Eh bien, pour moi, c'était comme une enseigne au néon qui clignotait et disait : « charge, charge, charge. » Et c'était vraiment quelque chose d'important parce que Frank et Mort m'avaient donné un calepin en me disant : « Maintenant, note le nom de toutes les femmes et trouve-leur un parrain. Quand tu en auras trouvé un, signale-le nous. Et demande au parrain de te faire parvenir un rapport. Quand tu regarderas ton calepin, tu reconnaîtras les gens que tu as appelés. Tu auras un rapport les concernant. C'est un système efficace. » Oh, que j'ai pris cette tâche au sérieux ! Parce que j'avais été au groupe d'attache — maintenant, nous avions 200, 300, voire 400 personnes, avec microphone et tout — et lorsque les 40 ou 50 femmes venaient et se retrouvaient assises, je pouvais me dire : « Et voilà Eva. Elle a appelé Bonnie et Bonnie a appelé une telle, et puis Fran, et oui, oui. » Cela évoluait parfaitement. Je disais à Frank et Mort que tout se mettait en place. Et eux répondaient : « C'est bien, tu fais du bon travail ».

Un soir, toutefois, j'étais allée voir le groupe d'attache et une fille a descendu le couloir avec six nouvelles qui n'étaient pas passées par moi. Je suis allée à sa rencontre et je lui ai dit : « Où est-ce que tu as trouvé ces femmes ? Tu sais bien ce que Frank et Mort vont dire à propos du système. » Elle me répondit : « Au diable le système ! J'ai des amies qui boivent autant que moi, et elles constataient que je buvais de moins en moins. Elles m'ont demandé comment j'y arrivais, et je leur ai dit que j'avais joint les Alcooliques anonymes. Elles m'ont demandé : « Est-ce que je peux venir avec toi ? J'ai répondu oui. » Elle termina en disant : « C'est aussi simple que ça et chaque fois que quelqu'un voudra venir à une rencontre des AA pour un problème de boisson, c'est comme ça que ça se passera. Je ne te ferai plus de rapport. »

Eh bien, quand elle m'a dit ça, les larmes me sont montées aux yeux et je suis sortie aussi vite que j'ai pu. J'avais envie de me précipiter à Huntington Park pour en parler avec mon frère, Tex, mais il n'était pas là et vous savez pourquoi ? Il avait été excommunié parce qu'il avait lancé un groupe. Les responsables, ceux du centre ville, ont appelé Tex et lui ont dit : « Tex, ferme le groupe. Où est ta loyauté envers le groupe d'attache ? » Il répondit : « Je reste fidèle au groupe d'attache. J'en ai juste assez de prendre des gars à Long Beach et de faire 55 km pour les emmener à Los Angeles ; j'ai donc monté un groupe à mi-chemin. Mes gars sont là ce soir. Venez voir notre groupe vendredi soir et nous pourrons faire des visites-échanges. » Ils ont rétorqué : « Non, tu es excommunié. » Et il fut pris d'un fou rire irrésistible.

Environ un mois plus tard, ils l'ont rappelé. Ils s'étaient réunis en comité et ils lui demandaient maintenant s'il s'était décidé à fermer son groupe et il répondit : « Non, nous allons bien. Nous avons pas mal de gars avec nous ici ce soir et vous êtes les bienvenus à notre réunion. C'est une rencontre participative dans laquelle tout le monde parle. » Dans le groupe d'attache, par contre, deux personnes prenaient la parole, Frank et Mort, et cela avait été comme ça pendant deux ans. Ils dirent alors : « Nous savions que tu dirais cela, c'est pourquoi nous nous sommes constitués en société sous le nom des Alcooliques anonymes en Californie. » Et c'est ce qu'ils avaient fait. Ceux qui sont encore là vous le diront. Il nous a fallu deux ans pour avaler la pilule en riant, jusqu'à ce que Tex commence à aller voir le groupe d'attache et que les membres de ce dernier viennent rendre visite au Groupe du Trou dans le Plancher — ils s'appelaient comme ça parce qu'ils se rencontraient dans un sous-sol.

Tex me conseilla de laisser tomber mon travail de responsable des femmes. Il me dit : « Dis-leur que tu es trop occupée à aider ton frère avec son groupe et suggère-leur d'engager leur propre secrétaire. » C'est ce que je fis et à l'époque, c'était la chose à faire parce que je n'avais aucun ego. Mon ego avait été écrasé pendant tant d'années, et c'était bon de savoir qu'on me voulait, qu'on avait besoin de moi, et que j'avais cette petite mission à remplir. Tout cela était bon pour moi à l'époque, et il était bon que je laisse tomber.

Plusieurs années plus tard, ils me rappelèrent et me demandèrent de venir les rejoindre et d'être la secrétaire exécutive du Bureau central des Alcooliques anonymes à Los Angeles, ce que je fus pendant 12 splendides années. Vous voyez, avec les AA, vous tournez la page et tout change. Je veux être à nouveau une nouvelle — cette ancienneté est une blague. Nous sommes tous des oisillons qui apprenons à voler.

SYBIL C.
Los Angeles, Californie

TECHNIQUES AVANCÉES POUR ÉVITER LE PARRAINAGE
Mars 1998

Lorsque je suis entrée dans le sanctuaire des Alcooliques anonymes, j'étais pleine d'arrogance, de rage et je ne cessais de m'apitoyer sur moi-même. Tous ces défauts essayaient de prendre le dessus en moi. Pas étonnant que j'aie été, la plupart du temps, si confuse et prête à en découdre.

Après huit mois d'abstinence, j'ai été « virée » par ma première marraine parce que je présentais tous les symptômes d'un cas aggravé de « Oui, mais ». Elle m'expliqua que je dérangeais sa tranquillité et que si je ne suivais pas ses conseils, elle connaissait d'autres femmes qui avaient besoin de son aide. Elle me dit qu'elle m'aimait et qu'elle espérait que je trouverais quelqu'un avec qui je puisse nouer des rapports. Ce que je perçus fut : « Tu n'es pas suffisamment bonne et tu n'as pas répondu à mes attentes ». J'ai donc mis un point d'honneur à dire à tout le monde, pendant une réunion de femmes, combien j'avais été mal traitée.

Pourquoi ne se mettaient-elles pas en colère avec moi ? Pourquoi n'étaient-elles pas d'accord avec moi ? Pourquoi est-ce qu'elles riaient ?

J'ai toujours pu manipuler les gens à ma guise. Mais pourquoi se ralliaient-elles à son point de vue ? Et pourquoi offraient-elles de me parrainer temporairement jusqu'à ce que je trouve une nouvelle marraine ? N'avaient-elles pas compris que je voulais qu'elles fuient cette femme, qu'elles la traitent comme une paria, qu'elles lui fassent payer mon humiliation ?

Depuis, j'ai eu trois autres marraines et je commence à peine à comprendre pourquoi ma première marraine a dû me laisser partir. Pendant six ans, j'ai parrainé plusieurs femmes et je sais combien il peut être frustrant d'être de ce côté-ci des « Oui, mais » et des excuses.

Voici la liste des recommandations que je vous soumets si vous ne voulez pas atteindre, avec votre marraine, le degré de confiance nécessaire au travail et à la purification en profondeur que réclame la Cinquième Étape :

1. L'appeler après chaque décision majeure dans votre vie et lui dire comment vous avez réussi à tout régler par vous-même.

2. Éviter de l'appeler quand vous êtes en colère parce que vous savez qu'elle vous aidera à rechercher votre part de responsabilité.

3. Lui dire seulement ce que, selon vous, elle veut entendre de vous en omettant les détails que vous pensez superficiels et en interprétant les faits en votre faveur.

4. Éviter de vous présenter dans les réunions où vous la trouverez et lui dire que vous allez encore souvent aux réunions qui, comme par hasard, se déroulent à l'autre bout de la ville.

5. L'appeler chez elle en pleine journée (sachant qu'elle est au travail) pour laisser un message sur son répondeur lui demandant de rappeler de sorte que la « balle soit dans son camp », vous donnant ainsi le temps de « tout régler vous-même » (et de trouver une excuse toute prête du genre, « J'ai tout de même appelé »).

6. Lui accorder le mérite de vos nouvelles décisions et habitudes en disant à tout le monde que votre « marraine vous a recommandé » ceci ou cela, que ce soit vrai ou non.

7. Passer en revue vos appels téléphoniques et ne répondre qu'à ceux auxquels vous vous sentez d'humeur à répondre.

8. Si vous n'aimez pas les suggestions de votre marraine, en discuter avec d'autres membres des AA jusqu'à ce que vous en trouviez un qui vous donne la réponse que vous espérez.

9. Prendre note du défaut dont votre marraine vous a parlé pour le lui rejeter à la figure quand elle vous aide à découvrir vos propres défauts.

Il s'agit de comportements que j'ai moi-même mis en œuvre au cours des six dernières années. Aujourd'hui, je sais que je suis responsable — et pas ma marraine — de ma propre abstinence. Quand je mets en œuvre ces stratégies d'évitement, cela ne fait que nuire à mes progrès. Je dois jouer un rôle actif dans mon processus de guérison.

Ma nouvelle marraine et moi avons travaillé ensemble depuis le mois d'avril de l'an dernier et j'ai parcouru deux fois la Cinquième Étape avec elle. Une bonne partie de nos discussions pendant ces Cinquièmes Étapes a tourné autour du niveau d'attente et d'acceptation de mes propres filleules. Si je laisse leurs excuses interférer avec mon propre travail sur les Douze Étapes, alors je justifie l'idée fantaisiste que la volonté seule suffit à assurer une existence heureuse et sans alcool.

Il est difficile de demander de l'aide, mais encore plus dur d'accepter cette aide et de faire l'action recommandée. Ma phrase préférée dans la Prière de sérénité est « le courage de changer les choses que je peux changer ». Il faut du courage pour reconnaître que j'ai tort, du courage pour reconnaître que mes habitudes sont cause de douleur et de misère, du courage pour accepter de l'aide, du courage pour changer des habitudes que j'ai cultivées pendant 41 ans.

En faisant preuve de courage tous les jours, j'ai pris de la force. Et désormais, j'ai le deuxième ingrédient nécessaire pour nouer des rapports avec un autre alcoolique. Lorsque je partage mes expériences, ma force et mon espoir avec d'autres alcooliques, je veille à leur parler de ma première marraine qui m'avait congédiée parce que j'avais trop peur de faire les changements nécessaires.

Aujourd'hui, je recherche volontiers ma marraine en allant dans les réunions auxquelles je sais qu'elle participe régulièrement. Je m'assure de lui dire honnêtement comment je me sens aujourd'hui. Je prends ce téléphone qui pèse une tonne et je l'appelle quand la confusion me gagne. Et j'essaie d'agir en suivant ses conseils, même quand je suis convaincue que ça ne marchera pas. Ma marraine n'est pas une caisse de résonnance qui n'attend qu'une chose, faire écho à mes lamentations. Elle est quelqu'un dont je respecte l'abstinence et qui a vécu plus d'années sans alcool que je ne l'ai fait. C'est quelqu'un qui a ce quelque chose que je veux : du courage.

JACQUI H.
Lago Vista, Texas

⟨TORDU
Avril 2010

Il y a 22 ans, je participais à ma première réunion des AA dans un centre de rétablissement. J'avais 15 ans. Mon premier parrain est décédé. À 25, 26 ans, j'ai demandé à Tom S. d'être mon deuxième parrain. Il me répondit que je ne l'apprécierais pas parce qu'il n'aimait personne et que la plupart des gens n'attendaient qu'une chose : qu'on leur jette de la poudre aux yeux.

Le Gros Livre parle d'une déformation mentale bizarre et tout à fait particulière. Eh bien, c'est sur cette base qu'il m'a accepté comme filleul. Un jour, je me suis rendu aux toilettes pendant une réunion. J'avais l'étrange habitude d'essayer de battre de vitesse la chasse d'eau pendant que j'urinais. Après la réunion, je demandai à Tom s'il n'avait jamais fait quelque chose du genre parce que nous partagions d'autres traits bizarres. Il se mit à rire de façon incontrôlable et dit : « Tu parles ! » Il dit que cela voulait dire quelque chose et qu'il acceptait de me parrainer.

Un jour, ivre mort, j'ai sauté dans la rivière Saginaw. Tom a alors été le seul à s'occuper de moi ; même ma famille ne l'a pas fait.

Mon parrain est une personne très dure, mais pleine d'attention. Quand Tom est venu me chercher à l'hôpital, le médecin lui a demandé comment il se comportait avec des personnes comme moi. Tom lui demanda quel type de docteur il était en ajoutant qu'il ne devait pas être très bon — parce que les alcooliques sont des personnes malades.

Nous avons quitté l'hôpital sur la moto de Tom. Il fit semblant de ne pas voir que je portais encore la blouse d'hôpital, des boxers et des pantoufles en mousse. Alors que nous foncions dans la nuit à 160 km/h en riant, il me dit que nous allions à la maison. Il m'emmena chez lui.

C'était vraiment la main des AA qui me prenait à travers mon parrain. Maintenant, j'apprends à vivre sans alcool et à être raisonnablement heureux.

JACK B.
Saginaw, Michigan

COMMENT SE TENIR
PENDANT UNE FÊTE
Juin 1960

Vous en avez assez. Des bruits ont couru selon lesquels vous auriez été vu plusieurs fois abstinent en public. Votre absence a été remarquée lors de certains évènements sociaux à l'occasion desquels on pouvait compter sur vous autrefois pour participer et chanter.

Oui, vous avez fait le grand plongeon dans l'abstinence. Vous avez été à sec plusieurs jours de suite, voire plusieurs semaines. Avec un gros coup de pouce des AA, vous vous engagez à persévérer.

C'est alors que vient ce que tout novice des Alcooliques anonymes appelle le Premier Grand Test. Vous êtes invité à une soirée, importante bien sûr (toutes les soirées sont importantes), et vous et votre femme convenez que c'est un de ces évènements que vous ne pouvez pas manquer.

Après tout, joindre les AA ne signifie pas que vous avez coupé tous les ponts avec la grande famille humaine. Vous êtes toujours un membre titulaire de la société, même si pas forcément de bon standing.

Ceci dit, vous commencez à cuire dans votre jus. Comment allez-vous affronter cela, habitué que vous êtes à ne pas laisser les autres boire seuls ? Qu'est-ce que vos amis Ray, Bill et George penseront lorsqu'ils vous verront debout devant eux — droit et cohérent ? Que dira votre hôte ou votre hôtesse lorsque vous refuserez une boisson ? Comment est-ce que vous ferez passer la nouvelle ?

L'heure arrive enfin — vous rassemblez votre courage et faites face à votre Premier Grand Test. Le cœur battant, vous entrez dans la salle où les hostilités doivent avoir lieu. Votre géniale hôtesse, les lèvres figées en un sourire qui commença deux heures avant la soirée et durera jusqu'à deux heures après, vous appelle par votre nom tandis que vous entrez en traînant des pieds.

« Je suis tellement contente que vous soyez venu », ment-elle tout en tendant ses doigts rose tandis qu'elle vous pousse à l'écart. « Allez au bar et dites à Herman ce que vous voulez. »

L'heure H est arrivée ! Vous lâchez d'une voix que vous auriez aimé solide et respirant la confiance, mais qui se révèle en fait plutôt rauque : « Non merci, je ne bois plus. Vous voyez, j'ai... »

Votre hôtesse vous fixe avec son épouvantable sourire et un regard glacial. « Oh, très intéressant, dit-elle en gloussant. Eh bien, je suis sûre que vous trouverez du whisky, du bourbon, du scotch, de la vodka. Si vous préférez, nous avons un shaker plein de martinis fraîchement mixés. »

Si vous êtes complètement stupide, vous saisissez votre hôtesse par ce qui serait son revers si elle était un homme et vous lui expliquez avec insistance que vous ne voulez *rien* boire du tout. Si vous n'êtes pas complètement idiot, vous lui tournez le dos et oubliez son existence tandis qu'elle en fait de même de son côté. L'homme sûr de lui que vous êtes se dirige alors vers le bar. Regardant Herman droit dans les yeux, vous lui demandez d'une voix ni faussement forte, ni facticement soumise : « Une boisson gazeuse au gingembre, s'il vous plaît. »

C'est alors que vous aurez l'une des premières d'une série de petites surprises, la plupart plaisantes. En effet, Herman ne s'évanouit pas, il n'appelle pas les flics, il ne démissionne pas dans un accès de colère ou il ne vous met pas son poing dans l'œil. Il se contente de vous verser un verre de boisson gazeuse au gingembre.

Comme cela arrive dans la plupart des cas, une telle scène se représentera encore et encore dans les semaines qui suivront. Vous apprendrez vite que non seulement on n'attend de vous aucune explication, mais qu'on ne les écoutera même pas, si vous en donnez. Seuls quelques bons amis pourront s'y intéresser, en particulier s'ils ont eux-mêmes un problème, mais ce sera tout.

Pour en revenir à notre soirée, même si personne n'a pensé à nous entretemps... Vous flânez ici et là, d'un air aussi posé que possible dans votre nouvel habit d'abstinence, jetant un bonsoir par ici, un salut par là.

Ce qui suit est surtout négatif. Pas une seule âme de buveur ne s'intéresse au contenu de votre verre — tant qu'il reste rempli à plus de la moitié. Lors des soirées, les gens s'intéressent davantage à ce qu'ils ont dans leur propre verre.

Vous pourriez vous sentir déçu de ne voir aucun vieil ami vous accoster en criant : « Qu'est-ce qui t'arrive mon gars, tu es en retard. Normalement, tu es prêt à te faire jeter dehors à cette heure-ci ! » Vous ressentirez peut-être comme un coup à votre amour-propre le fait que pas un seul des invités célibataires de l'un ou l'autre sexe ne pointe vers vous un maigre doigt accusateur en vociférant : « Regardez ! Regardez-*le*. Il ne boit pas ! »

Et vous n'êtes pas au bout de vos surprises. Cette soirée est différente de toutes celles que vous avez connues dans votre vie d'adulte. Elle est d'un ennui mortel. Personne de brillant, à l'esprit vif — vous-même par exemple — ne parvient à tenir les autres en haleine par des observations à mourir de rire. Oh, bien sûr, il y a cet énergumène qui parle beaucoup et tous rient comme des fous à l'entendre, mais ce qu'il dit n'est pas réellement drôle, contrairement au spectacle que vous aviez l'habitude d'orchestrer autrefois.

Les femmes ne sont pas aussi attrayantes qu'elles l'étaient. Elles ont même parfois le toupet de vous traiter avec respect, au lieu de cet air de camaraderie qu'elles dégageaient autrefois — jusqu'à ce que vous renversiez une tasse de café sur leur toute nouvelle robe de soirée.

Et quant aux hommes, pas du type très intéressant dans cette soirée. En fait, ils sont tellement ennuyeux qu'ils ne donnent aucune envie de perdre votre temps à tisser cette histoire très amusante que vous aviez l'habitude de raconter avec un effet tellement mortel à propos de vos expériences chez Blodgett, Dodgett et Fidget, l'agence publicitaire pour laquelle vous avez travaillé autrefois.

Au bout d'une heure environ, vous pensez avoir payé votre dû à ce segment particulier de la société et vous vous dirigez maladroitement vers la sortie. Lorsque vous vous retrouvez à l'air libre, vous êtes surpris en constatant à quel point son odeur est légère.

Dans les semaines qui suivent, vous trouverez que les gens s'intéressent étrangement peu à vous et à vos problèmes dans les endroits qui vous étaient familiers auparavant. Les gens que l'on vous demandait autrefois de « divertir » pour des raisons professionnelles ne feront aucune objection à vous voir assis à siroter une boisson au gingembre, du moment qu'ils ont leur poison — à condition que vous restiez assez longtemps pour régler l'addition. Les barmans que vous regardiez de haut vous traiteront avec un respect tout nouveau — vous pourrez noter ça dans vos annales.

Le fléau de tout membre des AA est, bien entendu, le type de personne qui insiste. Aujourd'hui, grâce à la grande publicité accordée aux alcooliques et à l'alcoolisme, ce type-là a presque complètement disparu, mais il arrive qu'on rencontre encore de temps à autre un hôte ou une hôtesse qui ne fait rien sauf vous fourrer une bouteille dans la bouche et vous faire lever le coude dans un désir stupide de faire preuve d'hospitalité.

Un type avait mis au point une technique très spéciale pour gérer les femmes arborant un sens trop développé de l'hospitalité.

Il annonçait de façon solennelle : « J'ai laissé tomber l'alcool pour une autre manie, le sexe. » Une fois cela dit, il se précipitait vers elle.

« Ça marche, dit-il. Elles ne me forcent plus à boire. Mais leur réaction peut surprendre... »

ANONYME

IL SE PASSE DE DRÔLES DE CHOSES

Décembre 1982

Au moment de rejoindre les AA, j'avais perdu beaucoup de choses, notamment mon sens de l'humour. Aujourd'hui, avec 14 mois de sevrage et peut-être un mois d'abstinence à mon actif, certaines de ces choses reviennent peu à peu.

Par exemple, il arrive qu'on me surprenne de temps à autre avec un sourire aux lèvres et il m'arrive même de rire de moi-même. Et au risque de sembler sacrilège, j'ai même trouvé des motifs de rire des AA.

Non pas que je pense que les AA aient quelque chose d'amusant. Loin de là ! Je prends les AA très sérieusement. Mais de temps à autre...

Il y a de cela environ un mois, je me trouvais, pour un congrès d'affaires, dans la suite de réception d'un hôtel de luxe. L'alcool y coulant à flots, le souvenir des vieux jours pesait d'un poids écrasant, et une réunion des AA aurait certainement pu m'aider à cette occasion.

« Une boisson au gingembre sans alcool », dis-je au barman dans un murmure.

Je remarquai, à l'autre bout du bar, un type qui m'observait. Il leva son verre et comme pour m'offrir un toast. « Agir aisément. »

J'essayai de me concentrer sur son verre pour analyser de loin la couleur de la boisson alcoolisée qu'il contenait. Impossible d'en dire plus. « Un jour à la fois », dis-je, tandis que je lui renvoyais un toast.

Il sourit et se rapprocha de moi. « L'important d'abord », me dit-il.

« Par la grâce de Dieu », répliquai-je, et nous avons commencé à rire tous les deux, comme si l'un de nous venait de trouver le bon mot du jour.

Nous pouvions lire nos noms sur l'étiquette que chacun de nous portait à son revers. Naturellement, notre nom et notre société étaient clairement annoncés. Pas vraiment anonyme.

« Je m'appelle Ed F. », dis-je, jouant à la charade jusqu'au bout.
« Bob M. », répliqua-t-il.

Nous nous serrâmes la main avant de rejoindre un coin tranquille avec
nos boissons. Et nous avons eu une réunion des AA très intéressante.

ED F.
Woodcliff Lake, New Jersey

QU'ALLONS-NOUS FAIRE DU VIN ?
Août 1964

« É coutez », s'écria mon hôtesse en faisant irruption dans ma
chambre tandis que je me coiffais en vue des festivités de la
soirée, « Vous ai-je bien prévenue qu'un toast serait porté à
la Reine ? »

Je reposai le peigne et tournai le dos au miroir en répondant calmement : « Non, vous ne m'avez pas prévenue. »

Nous devions dîner au Palais du Gouverneur dans exactement
deux heures. Des cocktails seraient servis d'abord, puis, à 20 h 30,
le dîner. Le protocole, le cœur même de toute Colonie Royale, exi-
geait de la ponctualité. Je devais m'assoir à la gauche du Gouverneur.
M'adressant à lui, je devais dire Sir Prénom, et, m'adressant à son
épouse, Lady Nom de famille. (Ne m'en demandez pas la raison, c'est
ce que j'étais supposée faire). Et si, par un caprice de mon incons-
cient de Yankee arriérée, j'appelais le Gouverneur Sir Nom de famille,
et sa femme Lady Prénom ? Bon, après tout, je suis américaine. Le
Gouverneur qui, au cours de sa mission, avait rencontré l'Américain
enragé et l'horrible Américain, devait maintenant affronter l'Américaine étourdie. (En fait, lui et moi risquions que je ne me souvienne
d'aucun de ces noms.) Je m'étais préparée à tout cela, mais on ne
m'avait rien dit concernant le toast à la Reine.

« Bon ! », me dit mon hôtesse en s'affalant sur mon lit, manquant de peu ma plus belle robe de soie, soigneusement étalée pour la soirée, « C'est une obligation. Le protocole veut que nous portions tous un toast à la Reine ».

Je repris mon peigne. « Dites-m'en davantage », continuai-je d'un ton posé, ramenant vers le miroir l'attention de mon esprit alarmé. Je venais de répondre « tranquillement » et d'un ton « posé », épuisant par là tout mon répertoire de réponses désinvoltes dans des moments de panique accrue. Apparemment, cela suffit à rassurer mon hôtesse qui ne pouvait pas voir mon visage. Elle se mit à présenter le dilemme d'une voix plus calme.

« Voilà comment cela se passera. Vous trouverez, à votre place, toute une rangée de verres à vin. Le dernier est pour le porto. Vous pouvez refuser tous les autres verres, sauf le porto. Ce dernier arrive en tout dernier lieu durant le repas. Quand Sir Prénom se lèvera et annoncera, « la Reine », vous devrez vous lever et porter le verre de porto à vos lèvres. »

Je m'observais dans le miroir en murmurant : « Me lever, porter le verre à mes lèvres ».

« Il suffit d'en prendre une gorgée. Pouvez-vous faire cela ? Juste une gorgée ? »

Je me tournai vers elle en souriant. « Non, dis-je calmement et posément, je ne peux pas. »

On entendit un soupir, comme un ballon se dégonflant, tandis qu'elle s'écroulait sur ma robe. « Vous ne pouvez pas ? », dit-elle dans un hoquet. « Qu'est-ce que vous allez faire ? »

Je fis, de mes cheveux, une grande boucle épaisse que j'enroulai autour de ma tête. « Ma chère, dis-je d'un ton hautain, je trouverai bien quelque chose. J'ai été dans des situations bien plus difficiles que cela. Vous êtes assise sur ma robe. » Comme je l'espérais, cette remarque la chassa de ma chambre, mais elle sortit avec l'air plutôt désespéré de l'hôtesse qui aurait souhaité ne jamais avoir introduit dans les hautes sphères de la société une invitée douteuse. Je me tournai une fois de plus vers le miroir. Mon reflet me fixait de ses yeux ronds. « Dans quelle situation plus difficile t'es-tu déjà trouvée, me dis-je, et où ? »

Je me souvenais de mon premier voyage à l'étranger, il y a environ dix ans de cela, et aussi de mon voyage aux Antilles britanniques, et combien la situation me parut bizarre lorsque l'hôtesse poussa jusque sous mon nez un plein charriot de punchs au rhum gratuits comme une sorte d'avant-goût de l'hospitalité qui m'attendait. Et je me souvenais aussi qu'au lieu de cela, j'avais demandé, et reçu immédiatement un pur jus de fruit. Je me souvenais aussi m'être dit qu'il me fallait toujours trouver une alternative afin de ne rater aucune occasion sociale au lieu de m'isoler en restant à l'écart. Je découvris en effet que, pour l'alcoolique abstinent, c'était là le gros inconvénient des voyages : les circonstances peuvent vous inciter à vous tenir à l'écart des autres touristes. Cette menace envers leur propre identité avait renvoyé chez eux plus tôt que prévu certains de mes compagnons membres des AA qui écourtèrent leur voyage tant attendu à l'étranger. Dans d'autres cas, elle servit de tremplin psychologique à une rechute. Or tout cela, on pouvait l'éviter si, au lieu de s'alarmer, on se préparait à toutes les surprises possibles. Profiter de son voyage, c'est être prêt à accueillir toutes les surprises. Pour ce faire, le membre des AA doit apprendre à gérer bien des situations dans ses voyages.

Je me souvenais de ce premier soir à Paris. Après m'avoir recommandé la *spécialité* du restaurant, le garçon demanda si Mademoiselle souhaitait également qu'on lui recommande le vin approprié. Mademoiselle s'attendait à la question. Elle souhaitait qu'on lui recommande, au lieu de cela, un substitut courant chez les français : une boisson non alcoolisée que l'on pourrait tranquillement consommer avant les repas en l'absence de café ou de Coca Cola. Existe-t-il un substitut français acceptable ? « *Mais oui* ». Une eau minérale naturellement effervescente, le Perrier, a également des propriétés digestives et est bue tout aussi couramment que le vin lui-même dans tous les restaurants et cafés de France.

Je me souvenais de ce premier soir à Rome où l'eau minérale naturellement effervescente s'appelait San Pellegrino, une boisson aussi couramment dégustée que le Perrier à Paris, et tout aussi acceptable. Je me souvenais avoir, au cours de mon dernier voyage, appris le terme grec désignant une boisson carbonisée (meilleure que n'importe quel soda jamais dégusté aux États-Unis, et tout aussi courante), de sorte que je pouvais participer à toutes les festivités de la croisière comme la Fête du vin à Rhodes, sachant que je connaissais le nom d'un substitut en cas de besoin. Je me souvenais avoir découvert, lors d'une sortie dans un pub de Londres, une nouvelle boisson devenue, depuis lors, ma boisson sans alcool préférée — Bitter Lemon. (Il s'agit d'une publicité, mais je n'y peux rien.)

À mon retour aux réunions des AA après ces balades, je répétais toujours les deux mêmes remarques : « Personne ne s'intéresse au fait que vous buviez ou non » et « Il existe toujours un substitut local. » Et voilà qu'aujourd'hui, je vivais une situation dans laquelle : 1) il *importait* à quelqu'un que je boive ou non ; 2) aucun substitut n'était disponible. Il n'était évidemment pas possible de porter un toast à la Reine avec du Bitter Lemon. « Je lèverai le porto à mes lèvres et je ne prendrai pas de gorgée », dis-je aux yeux globuleux du reflet qui me fixait dans le miroir. « Tu seras à la gauche du Gouverneur, il le remarquera et tous le remarqueront. Ils penseront que tu es communiste, ou mal élevée, ou quelque chose d'aberrant. » Je me regardais gravement. « Je ne suis rien de tout ça », répondis-je. « Je suis une citoyenne américaine alcoolique », un personnage nouveau pour le Gouverneur, ou peut-être pas si nouveau. Je me demandai une seconde si, dans cette île particulière des Antilles, il y avait une branche des AA. J'avais omis de consulter le BSG avant de partir pour mon séjour de deux semaines. S'il y avait un autre alcoolique abstinent, je pourrais lui demander ce qu'il convient de faire quand le Gouverneur se lève et dit : « La Reine ». Si, si, si. « Ne me dis pas que tu as déjà été dans des situations plus difficiles que celles-là », me dit mon reflet en guise d'au revoir quand je m'éloignai du miroir.

Ensuite, je me suis souvenue de cet été brûlant dans la gare de Rome. On m'avait mal renseignée sur l'heure de départ de mon train à destination de Spoleto et j'étais arrivée sur le quai alors que le train démarrait. Il me restait une alternative, mais je devais changer en pleine nuit dans une gare qui était la version italienne de la station de transfert Jamaica sur la ligne de Long Island. Je perdis patience, éclatai en sanglots et essayai de me rendre dans les toilettes pour dames. Là, je découvris que je devais faire la queue pour une serviette, de nouveau pour le savon, et une troisième fois encore pour entrer dans la pièce où se trouvait un évier. Ne parlant pas italien, je fis ces découvertes après nombre d'essais et d'erreurs. Je regardai une dernière fois mon reflet avec, dans les yeux, des traces de larmes et un regard farouche. « Tu as besoin d'une réunion des AA », me dis-je à ce moment. Je savais que c'était vrai parce que je voulais boire.

J'arrêtai alors de pleurer, recomposai mon visage, puis me rendit à la cabine téléphonique pour tenter d'appeler Spoleto, mon calme retrouvé. Là-bas, adossée contre le mur, je trouvai un Américain qui attendait de pouvoir placer un appel. Il avait quelque chose de familier. Je savais que je le connaissais, sans me souvenir comment. Soudain, cela me revint. Sans réfléchir davantage, je lui dis : « Bonjour ! ». Son air ne semblait pas très encourageant. « Je vous ai déjà vu quelque part », dis-je sans conviction.

« Vraiment ? », dit-il avec la voix de quelqu'un que d'autres Américaines esseulées avaient déjà accosté et qui n'était pas d'humeur à en rencontrer une de plus. « Comment me connaissez-vous ? »

Je regardais par-dessus mon épaule nerveusement. Comment pouvais-je lui dire ?

Et supposons que j'avais tort ? Supposons qu'on m'ait entendu ? Il pourrait être embarrassé, furieux... Ensuite, j'ai pensé à une dérobade parfaite. « Est-ce que le nom de Lennox Hill vous dit quelque chose ? », demandai-je en utilisant le nom de groupe d'une grosse réunion métropolitaine.

Il éclata de rire. « Oh, je vous connais », dit-il, abandonnant toute réserve, « Vous êtes une telle ». Et j'eus droit à ma réunion des AA. Nous passâmes l'heure qui suivit à parler ensemble. Il m'aida à changer mon argent, m'acheta un sandwich et me mit sur le train avec, adressés à mes compagnons de voyage, quelques mots bien choisis en italien pour être sûr que je ne rate pas la correspondance. Je ne m'étais jamais sentie aussi bien protégée et servie depuis que ma mère avait l'habitude de me remettre entre les mains du porteur du Pullman quand je prenais le train pour retourner à l'école.

Je pus raconter cette étrange coïncidence, véritable don de Dieu, une fois de retour à la maison. J'appelai ça la Providence. Un de ces miracles des AA. Je me disais que maintenant, en février 1964, dans les Antilles britanniques, un autre de ces miracles me serait bien utile. Par exemple, que le Gouverneur oublie tout simplement cette histoire de toast à la Reine...

À peine installée à ma place à la gauche du Gouverneur, je me rendis compte que quelque chose clochait vraiment. Pas de rangée de verres de vin. Un seul verre. Et maintenant, que faire ? Affolée, je regardai, par-dessus la table, mon hôtesse, mais une gerbe de fleurs la cachait presque totalement. Je ne voyais que ses yeux et ceux-ci ne me disaient rien.

Le premier plat était du poisson. On versa le vin. Je ne touchai pas au mien. Peut-être utiliseraient-ils celui-là pour le toast au lieu du porto ce soir. Après tout, il s'agit d'une petite soirée. Ensuite, on servit la viande, puis un peu plus du même vin. Le sommelier survola mon verre plein. Je lui retournai un sourire glacial. Il revint peu après et enleva mon verre sans que je l'aie touché. Tout allait s'arranger, le toast et le reste.

Puis je remarquai que tous les verres avaient été enlevés. Le dessert arriva. On distribua des cigarettes. « Vous ne pouvez pas fumer avant qu'ils n'aient distribué les cigarettes », m'avait dit mon hôtesse. Eh bien, elle avait eu raison à ce propos, en tous les cas. Le café vint ensuite, une demi-tasse seulement, pas assez pour faire du bien, mais toujours mieux que rien. « Maintenant, pensai-je, ce sera le tour du porto... » Le Gouverneur me toucha le bras et fit un geste en direction du sommelier qui était debout à ma droite avec tout un charriot de liqueurs.

Cela faisait longtemps que je n'avais pas jeté l'œil sur toute une collection de digestifs. Peut-être porterons-nous notre toast avec ceux-là, pensai-je. Le Gouverneur qui, en tant que représentant de la famille royale, fut le premier servi, prit du brandy. Je lançai un sourire glacial au sommelier, il sourit en retour. Il me versa l'un de ces petits dés, le posa devant moi, et continua son chemin. Je jetai un coup d'œil à mon hôtesse. J'avais clairement fait ce qu'il ne fallait pas. Incrédule, elle cligna des yeux à travers la haie de fleurs. Cette fois-ci, je pus décrypter son regard. Elle devait de toute évidence penser que j'avais craqué et

que j'avais recommencé à boire. Je tentai un signe pour la rassurer.
Elle ferma les yeux de douleur. Le Gouverneur but son verre et tout le
monde but à son tour le sien : seul mon petit dé à coudre vert resta tel
quel. Mon sourire figé était maintenant permanent. S'ils attendaient
que je finisse mon digestif avant de servir le porto, nous étions partis
pour rester assis là jusqu'à la fin du monde. J'avais envisagé de le verser
dans les fleurs, dans le rince-doigts, ou par-dessus mon épaule gauche. Si seulement le sommelier pouvait s'écarter de là... Le Gouverneur
semblait incapable de regarder autre chose que mon verre. Je pensais
que, dans la minute qui suivrait, je me pencherais vers lui pour lui dire,
« Monsieur Un Tel, cher Gouverneur, je regrette infiniment de ne pas
pouvoir boire ce petit rince-bouche vert, mais je n'ai jamais aimé ça et,
si jamais je dois partir, je ne partirai pas avec de la *crème de menthe*.
Protocole ou pas, Reine ou pas. »

Soudain, comme sur le coup d'un signal secret, le Gouverneur et
son épouse se levèrent ensemble. L'épouse du Gouverneur dirigea les
femmes hors de la salle. Je fus la première à suivre, sidérée, incrédule
face au répit qui semblait m'être offert. Lorsqu'elle me prit par le bras,
je lui lançai la question qui hantait mon esprit : « Et le toast ? »

« Quel toast ? » dit-elle en souriant gentiment.

« Et bien, vous savez », marmonnai-je, « la Reine ».

La femme du gouverneur se mit à rire. « Oh, nous nous en passons
lorsque la soirée est informelle... et quand la majorité des hôtes sont
américains. » Elle me jeta un coup d'œil curieux et sympathique et
ajouta : « J'espère que vous n'êtes pas déçue. »

J'essayai d'étouffer une crise de fou rire stupide et hystérique.
« Non », dis-je, « juste surprise — surprise, c'est tout. »

Ce qui me ramène à mon point de départ — les voyages sont faits de
surprises. Le matin suivant, comme d'habitude, je fus réveillée par le
reflet éblouissant du soleil sur les Caraïbes et je me souviens d'une promesse que j'avais faite aux éditeurs de Grapevine d'écrire un petit rapport de voyage pour les autres voyageurs de notre Mouvement. C'était
le jour parfait pour commencer ! Je déballai ma machine à écrire, mis
le papier et, sans y penser, tapai le titre dont nous avions convenu :

« Qu'allons-nous faire du vin ? » Je fixai ma feuille et éclatai de rire. Je repensai à toutes mes théories et à tous mes dictons préférés, et je passai en revue le nom de toutes les marques des meilleures boissons non alcoolisées de substitution. Mais j'avais retenu une nouvelle leçon de mon expérience de la veille. Quand les carottes sont cuites, que ce soit à l'étranger ou à la maison, à la question « Qu'allons-nous faire du vin ? » il n'y a qu'une réponse qui se résume en quelques mots : « Ne le buvez pas ». Versez-le dans les fleurs, dans le rince-doigts, par-dessus votre épaule gauche. *Mais je répète, ne le buvez pas.* Une magnifique journée de plus.

Je vous souhaite donc un superbe voyage si vous partez cet été. Ne vous laissez pas envahir par des préoccupations qui vous empêcheraient de vivre de merveilleuses aventures. *Bon Voyage ! Arrividerci !* Et n'oublions pas, « Longue vie à la Reine ! »

                                                                E. M. V.

CHAPITRE QUATRE

DÉCEMBRE 1992

CONTREBANDIERS ET CHIENS QUI PARLENT

Les dernières virées alcooliques avant de joindre les AA

R ien ne nous fait plus rire, chez les AA, qu'une bonne « histoire d'alcoolique », tout le monde en a une, comme celle sur la visite chez un contrebandier décrite dans « La plus triste histoire jamais contée » ou celle du chien qui fait la leçon à un ivrogne sur son comportement dans « L'histoire du chien qui parle ». Quand nous racontons ces histoires, l'humiliation du souvenir de nos agissements sous l'effet de l'alcool est atténuée par le regard des autres membres qui se reconnaissent dans ces comportements. Voici quelques histoires amusantes sur des comportements alcooliques qui ont finalement conduit les membres en question à se joindre aux AA.

LA PLUS TRISTE HÎSTOIRE JAMAIS CONTÉE

Septembre 1959

Une des plus grandes erreurs que nous, membres des AA, pouvons commettre, c'est d'encourager l'idée que nous sommes « drôles ». Si vous vous êtes fait cette réputation, les carottes sont cuites. À partir de ce jour, tout le monde s'attend à ce que vous soyez hilarant, même si vous avez l'annonce la plus banale à faire. Être drôle par contrainte est quasiment impossible. Je sais de quoi je parle, car j'ai commis cette erreur.

Il y a de nombreux mois, Helen W., de l'équipe du Grapevine, m'a demandé d'écrire un article « amusant » pour la revue. Je ne savais pas qu'à partir de ce moment-là, je serais étiqueté comme un type marrant. Tout ce que je propose de nature sérieuse est accueilli avec scepticisme et déception pour rejoindre immédiatement le panier à rebuts. Si je veux être publié dans le Grapevine (car personne d'autre ne me publierait), je dois être drôle, un point c'est tout.

Récemment, au Congrès de la Caroline du Nord, j'ai vu Helen et elle m'a de nouveau demandé de « concocter quelque chose sur un ton amusant pour ajouter une touche différente à nos articles habituels ». Même dans mon état de vestige d'un homme, je demeure incapable de dire non à une belle jeune femme et j'ai donc accepté, avec de grands doutes concernant ma capacité à être drôle sur demande.

De retour chez moi, j'ai essayé par tous les moyens d'être drôle sans recourir à mon ancienne technique que nous appelons, en Virginie, « l'eau qui fait rire ». Rien n'a fonctionné. Je me faisais des grimaces dans le miroir, je répétais certaines de mes blagues les plus drôles en obtenant à peine un rire, je réécoutais certaines de mes conférences, mais le résultat était si mauvais que je m'endormais. Je n'arrivais simplement pas à être drôle. Pourtant, j'avais promis à Helen de lui envoyer un article et je ne pouvais pas me dédire : après tout, je suis de Virginie et un parfait gentleman (probablement la déclaration la plus drôle résultant de cet effort), il fallait bien que j'écrive quelque chose d'amusant. Je décidai donc de les prendre à rebrousse-poil et de leur raconter la plus mélancolique des histoires de ma vie, certes triste, mais mouvementée.

Je la fis commencer pendant la période de la prohibition, car rien n'était plus joyeusement triste que cette époque. Le personnage principal, alors sans aucune morale, c'était moi, bien sûr. À cette époque, j'étais représentant de commerce, ce qui me rappelle une histoire drôle qui répondrait aux exigences de cette mission, mais... non, je dois m'en tenir au script et être amusant tout seul, sans aide extérieure. Il me faut être drôlement triste.

Un de mes meilleurs clients passait très rarement des commandes, ne payait presque jamais et toujours sous la menace d'une poursuite judiciaire intentée par notre service chargé du recouvrement des dettes. C'était pourtant mon plus fidèle client. Il avait toujours un stock abondant de calvados. L'entreprise me laissa entendre que je passais trop de temps à essayer de faire affaires avec lui.

Un matin, je me rendis chez lui et après m'être assuré qu'il ne voulait rien acheter et ne pouvait pas payer ses dettes en souffrance depuis cinq mois déjà, j'attendis que l'habituelle bouteille fasse son apparition. Elle n'apparut point. Un vendeur digne de ce nom ne saurait permettre qu'une visite à un client soit totalement improductive, aussi m'enquis-je carrément auprès de Jake du calvados. Il m'informa que sa voiture avait un essieu cassé et qu'il n'avait pas été en mesure d'aller dans les montagnes pour s'en procurer.

Je l'assurai que ça ne posait aucun problème majeur, car je disposais d'une voiture à deux essieux et nous avons ainsi pris la route. Pendant une dizaine de kilomètres, nous avons roulé sur une route asphaltée et puis nous avons bifurqué en direction des montagnes. Chaque route où nous bifurquions s'avérait pire que la précédente. Alors que nous approchions du sommet de la montagne, les cieux se sont soudain ouverts et les routes sont devenues des torrents d'eau.

Nous sommes finalement arrivés, la femme du distillateur nous informa que son mari était en bas, à l'alambic. Nous étions déjà trempés jusqu'aux os lorsque, ayant parcouru 20 mètres, notre progrès fut soudainement interrompu par le double canon d'un fusil de chasse enfoncé désagréablement dans mon abdomen. Jake m'identifia à temps et nous pûmes mener à bien nos négociations.

Je laissai Jake dans sa cour avec ses deux litres et je continuai mon chemin avec les deux autres. À peine sorti de la ville, j'entendis le ronron d'une moto derrière moi. C'était une patrouille de police et elle m'avait suivi jusqu'à Luray, sur une distance d'au moins 30 kilomètres.

Ma voiture était couverte de boue, une indication que j'avais sûrement été dans les montagnes. Je conduisais un coupé et il n'y avait pas de place pour cacher les récipients sans arrêter la voiture, ce que je craignais de faire.

En descendant une colline, à Luray, une voiture devant moi entra en collision avec une voiture qui débouchait d'une rue latérale. Il fallut bien que je m'arrête. Le flic de la ville rejoignit le gendarme près de l'accident. Je ne savais pas si je devais rester là où j'étais ou tenter de contourner les voitures enchevêtrées. Je venais de me décider pour cette dernière option quand le gendarme me demanda où j'allais. Je lui dis que j'allais chez moi, mais il suggéra qu'on pourrait avoir besoin de moi en tant que témoin dans l'accident. Je lui assurai n'avoir rien vu. Il m'indiqua que lui avait bien vu et qu'il était pourtant derrière moi. Je lui ai dit que j'avais éternué au moment de l'impact et donc que mes yeux étaient fermés. Mes deux récipients étaient sur le siège en pleine vue et à mon grand étonnement il m'indiqua de circuler. Inutile de préciser que j'ai obtempéré.

Environ 160 kilomètres plus loin, alors que je m'approchais du palais de justice de Fairfax, une sirène retentit qui me fit m'arrêter. C'était un flic du comté de Fairfax. Il me demanda pourquoi j'avais dépassé une voiture dans une pente. Comme je n'avais croisé qu'une seule voiture et qu'elle allait en sens inverse, je lui dis que c'était soit la croiser soit l'emboutir. Pendant ce temps, il regardait ma voiture de manière soupçonneuse — la boue me trahissait encore une fois. Je lui dis que s'il voulait fouiller ma voiture, qu'il me conduise au palais de justice où il pourrait le faire sous la supervision du shérif Machin ou du capitaine Truc de la patrouille routière. Il me demanda si je connaissais ces estimables messieurs et quand je lui assurai qu'ils étaient plus proches de moi que mon maillot de corps, il examina mon permis de conduire et me permit de circuler.

Plus que 25 kilomètres et j'allais arriver chez moi, en sécurité avec mon trésor sans prix. Je roulais avec le plus grand soin et je pus finalement rentrer la voiture dans mon garage.

En descendant, soulagé, de la voiture, j'en retirai ma valise, mon attaché-case, ma machine à écrire portable et mes deux merveilleux récipients. Comme je suis un alcoolique paresseux, faire deux voyages jusqu'à la maison ne me traversa même pas l'esprit. Je pris donc le tout tant bien que mal et... oui, vous avez deviné... Les deux récipients s'écrasèrent sur le béton.

La voilà votre fichue histoire, maintenant riez donc, maudit, riez !

T. W. R.
Alexandria, Virginie

APPRENDRE À MARCHER
(extrait de Dear Grapevine)
Mai 2007

J'ai repris connaissance dans mon appartement de la taille d'un mouchoir de poche dans un garage. J'ai cligné des yeux et fixé une échelle coulissante en aluminium de cinq mètres coincée en diagonale dans ma petite chambre.

Hein ? J'ai pensé : mon Dieu, c'est en train de mal tourner.

Quand je buvais, je me transformais en voleur. Vu que je buvais toutes les nuits (et tous les jours quand je le pouvais), j'accumulais pas mal de trucs. Tout ce que je ne pouvais pas vendre, je le gardais. Mon studio/garage en était bondé. J'avais des vélos, des vêtements de femmes, des grils de barbecue et plusieurs pneus.

Quand je me suis traîné vers le club où j'assistais parfois à des réunions, un gars m'a dit : « Je savais que tu buvais de nouveau. »

« Quoi ? » lui ai-je demandé.

« J'attendais à un feu rouge sur le boulevard Nord-Ouest vers deux heures du matin quand je t'ai vu passer avec une grande échelle coulissante sur l'épaule », m'a-t-il dit. « Tu n'avais pas vraiment l'air d'aller travailler... »

La première page du chapitre trois du Gros Livre, intitulé « Autres données sur l'alcoolisme » contient une ligne qui m'a toujours accompagné : « Nous ressemblons à des personnes qui n'ont plus de jambes : elles ne repousseront jamais. » J'essayais encore de les faire repousser. Cela faisait des années que j'essayais.

Maintenant que je suis abstinent depuis plusieurs années, je suis assez responsable. Je ne me suis d'ailleurs pas réveillé à côté d'une échelle coulissante en aluminium depuis.

BILL A.
Iowa City, Iowa

JE NE PEUX M'EN PRENDRE QU'À MOI-MÊME
Novembre 2003

Soixante-dix, quatre-vingts kilomètres/heure. Trois voitures de police dans mon sillage. Les lumières comme des éclairs. Les sirènes qui hurlent. Cette vieille camionnette que j'ai achetée pour le travail est parfaite — pour le travail. Comme véhicule de fuite, elle laisse beaucoup à désirer. Je pense que je vais aller en prison. Pourtant, ma logique brumeuse me dit que si je continue simplement à conduire comme si de rien n'était, les policiers finiront par lâcher l'affaire et me laisser continuer mon petit bonhomme de chemin. (Compte là-dessus !) En tout cas, aussi longtemps que je bouge, ils ne peuvent pas m'attraper.

Les policiers semblent deviner mes intentions. Bientôt, ma vieille camionnette est entourée de voitures de police tous gyrophares et toutes sirènes en fonction. Nous nous arrêtons dans un concert de froissements, crissements et grincements. Je suis sur le point de découvrir à quel point je les ai mis en colère. Deux des six officiers me font voir de très près leurs révolvers et « suggèrent fortement » que je sorte de mon véhicule. Je leur réponds avec mon bon vieil air de « Qui, moi ? ». Ils ne demandent pas deux fois. L'un d'eux attrape mes cheveux et les tire par la porte du côté passager. Étant une personne de nature arrangeante, je suis mes cheveux. À présent, des brins d'herbe me chatouillent les yeux et un goût oublié depuis le temps de mon enfance me revient : celui de la terre. J'ai la vague sensation que la main qui presse mon visage contre le sol est la mienne. Dans cette position et dans mon état d'ébriété, il m'est impossible d'opposer la moindre résistance. Néanmoins, et c'est un euphémisme, ils me maîtrisent pour la forme. De l'acier froid se referme autour de mes poignets et je suis de retour sur mes pieds. Évidemment, j'oublie bêtement de baisser la tête alors qu'on me pousse à l'arrière d'un véhicule de patrouille. Une onde de douleur se répand depuis ma tempe et je m'effondre sur le siège. La porte se referme d'un coup sec. Ouais, je m'en vais définitivement en prison.

Je ne le sais pas encore, mais j'ai eu de la chance. Dans les deux années qui ont suivi et dans des circonstances similaires, deux ivrognes seront abattus par la police sur ce même tronçon de route. Lorsque je repense à cette nuit-là, ces deux morts apportent légèreté et gratitude à ma propre expérience. Ma dernière cuite fut le plus beau jour de ma vie. Les gens lèvent les sourcils quand ils m'entendent, mais sans cet horrible accident, je n'aurais probablement jamais goûté l'abstinence satisfaite que j'ai trouvée en compagnie des Alcooliques anonymes. Il faut ce qu'il faut, dit-on. La prison était l'endroit où je devais être à ce moment de ma vie. Pour autant que je sache, il n'existe pas de bonne façon d'y atterrir.

Les premiers jours passés dans les cellules de la police ne laissaient absolument pas présager ce qui allait m'arriver. Misérable, oui, mais étrangement réconfortant. Au moins, j'étais libre de patauger dans la flaque d'amertume et d'apitoiement que je m'étais moi-même creusée, convaincu que ma vie ne valait plus rien et que le vaste et méchant monde en était l'unique responsable.

Heureusement pour moi, j'ai bénéficié d'une convalescence de plusieurs semaines avant de comparaître devant le juge. Une caution étant impensable, j'ai été placé dans un établissement correctionnel. Cela m'a donné tout le temps nécessaire pour échafauder un plan, un vrai plan pour me sortir de ce trou au plus vite au prix du moins d'efforts possible. J'avais assez traîné autour des palais de justice pour savoir que le juge ne serait pas ému par ma tirade sur la responsabilité de quelqu'un d'autre dans ma situation. Il voudrait probablement voir, de ma part, une tentative de rétablissement. Il allait falloir que je fasse semblant. Ce qui signifiait faire précisément la chose que j'avais juré de ne plus jamais faire : aller aux réunions des AA.

J'avais été condamné aux AA une douzaine d'années plus tôt, après l'un de mes nombreux démêlés avec la justice. Les AA m'étaient apparus comme les gens heureux les plus écœurants que j'aie jamais rencontrés. Je ne voulais rien avoir à faire avec eux. D'ailleurs, tout véritable buveur sait que les réunions des AA ne sont rien d'autre qu'un tas d'ex-alcooliques qui restent à ne rien faire et se lamentent de ne plus pouvoir boire comme avant. Ils font juste semblant d'être heureux pour piéger des gars comme moi et les enrôler traîtreusement. J'avais assisté à deux réunions entières et j'en étais reparti en jurant que l'on ne m'y reprendrait plus. Pourtant, je me retrouvais là, 12 ans plus tard, avec ces deux A majuscules comme seul billet de sortie de prison. Que pouvais-je faire d'autre ? Je suis allé chez les AA.

ENTENDU À UNE RÉUNION :
« MON OXYMORON PRÉFÉRÉ : ALCOOLIQUE FONCTIONNEL »
CAROL K., SARASOTA, FLORIDE, OCTOBRE 2010

Je voulais beaucoup de choses, quand je suis entré dans cette réunion, mais ne plus boire n'en faisait pas partie. Je n'en avais pas la moindre bonne intention. Un homme agréable en tenue de ville et répondant au nom de Murray s'est présenté et m'a demandé de prendre place. Le cercle d'une vingtaine de chaises s'est progressivement rempli de détenus qui avaient l'air à peu près aussi misérables que moi. Je me souviens m'être dit : voilà ce que sont les AA. Murray a ouvert la réunion et s'est identifié comme alcoolique. Il n'avait pas l'air du genre de gars qui n'ait jamais pris un verre de sa vie, mais qui dissimulerait une chose aussi honteuse ?

J'ai entendu des histoires tristes dans cette salle, ce soir-là : « ma copine m'a dénoncé... », « Ma femme m'a mis en prison, Bou houhou... », mais pas un seul conteur n'acceptait la responsabilité de son propre destin. Pire encore, je me rendais compte que si mon tour venait, je tiendrais le même genre de discours. Soudain, je ne voulais plus pleurnicher. Puis Joe a commencé à parler. Alors que Joe levait les yeux, je découvrais qu'il était le seul avec Murray à ne pas avoir l'air misérable dans cette pièce. En fait, il souriait. Il s'agissait peut-être d'un simple effet d'optique, mais il semblait, comment dire ? radieux. Il prit la parole pour parler de lui, des erreurs qu'il avait commises, de ses échecs, mais d'une voix incroyablement pleine d'espoir. De l'espoir ? Ici ? J'en croyais à peine mes yeux et mes oreilles, pourtant, je ne pouvais pas me tromper, aussi improbable que cela puisse paraître, il s'agissait bel et bien d'espoir. Je commençais à penser que j'étais dans une salle pleine d'inconnus. Quel mal pourrait-il y avoir à dire quelques mots ? Alors, quand Murray a demandé : « Greg, tu veux partager quelque chose ? » Je me suis lancé. « Mon nom est Greg et je suis un alcoolique. » C'étaient les premiers mots honnêtes qui franchissaient mes lèvres depuis bien longtemps. Puis j'ai continué : « Je ne comprends pas cette histoire de Dieu. »

Comme il est de coutume chez les AA, Murray m'a donné la définition de Dieu selon le Gros Livre, dont je me souvenais encore de mes deux réunions précédentes, mais que je n'acceptais pas. Foutaises, me disais-je alors. Pourtant, après la réunion, je suis rentré dans mon dortoir sans ressentir d'effets secondaires. Considérant que je venais de me livrer à plus d'un titre, je me sentais bien mieux que prévu.

Puis, un soir, à peine quelques jours avant la réunion suivante, j'étais assis sur mon lit à faire ce que je faisais le mieux, bouder, ressasser et me plaindre. Alors que ces pensées autodestructrices consumaient mon esprit, un autre détenu a allumé sa radio sur une station FM locale. Il a accroché les écouteurs au montant de son lit et s'est assis pour jouer aux cartes. Distants et assourdis, les airs d'un bon vieux morceau heavy métal ont alors traversé la cellule jusqu'à pénétrer l'épaisseur de mon crâne. J'ai commencé à chantonner en murmurant : « Je ne peux m'en prendre qu'à moi-même, je ne peux m'en prendre qu'à moi-même » quand... bing ! J'ai croulé sous une tonne d'ironie. Je ne peux m'en prendre qu'à moi-même.

Vous êtes-vous déjà trouvé dans une salle pleine de criminels en étant le seul à comprendre la blague ? J'ai éclaté de rire et me suis roulé sur mon lit. Je ne peux m'en prendre qu'à moi-même ! Je trouvais ça hilarant, mais quand je me suis finalement relevé pour respirer, 21 paires d'yeux me fixaient avec l'air de dire que je n'étais peut-être pas dans le bon type d'institution. La première idée saine que j'avais eue depuis des années venait d'être prise pour de la folie. Je savais instantanément que toute explication serait inutile. Mieux valait qu'ils me croient fou plutôt que d'ouvrir la bouche pour éclaircir quoi que ce soit. Je les ai laissés à leur perplexité.

Cela dit, moi aussi, je doutais. Cela semblait bien trop réel pour être de la folie. Tellement personnel. Tellement profond. De quoi s'agissait-il ? D'une bizarrerie ? D'un hasard ? D'une coïncidence ? Aucun des mots que je connaissais ne décrivait rigoureusement ce moment de « eurêka ». Bien plus tard, j'appris que ce bon ami des AA, Carl Jung, avait étudié ce type particulier d'expériences spirituelles et lui avait donné le nom de synchronicité. En bref, il n'y a pas de coïncidences. Reconnaître la différence, cependant, exige un minimum d'ouverture d'esprit. Autrement dit, je suis convaincu que si je n'avais pas interrogé à haute voix « cette histoire de Dieu », je n'aurais pas été réceptif à la réponse. La Puissance supérieure de ma compréhension a fait du sens cette nuit-là. Dans mon cas, un dieu espiègle est venu à ma rencontre exactement où j'étais, au moment où j'étais prêt et capable de comprendre.

Aussi étrange que cela puisse paraître, les choses se sont améliorées depuis ce jour. Entre autres, mon désir de boire est devenu un désir de ne plus boire. Et pour une raison que je ne m'expliquais pas, la peur de faire face aux nombreuses accusations portées contre moi s'évanouissait. Quand la date de mon audience est enfin arrivée, je me suis présenté devant le juge et j'ai plaidé coupable pour chaque chef d'accusation. J'ai dit au juge, en toute sincérité, que je voulais changer le cours de ma vie. Il a reconnu que c'était une bonne idée et m'a généreusement condamné à quatre mois de prison supplémentaires, bien loin des deux ans prédits par mon avocat.

Cette condamnation m'a donné le temps nécessaire pour échafauder un plan. Pas le genre de plan que j'avais concocté à l'avance pour sortir de prison, plutôt un plan pour ne plus y retourner. Au sommet de la liste : les Alcooliques anonymes. Je suis retourné dans la même salle de réunion que j'avais fuie 12 ans plus tôt et, sapristi, comme ils avaient changé ! Rien à voir avec cette bande de types heureux jusqu'à l'écœurement dont je gardais le souvenir. Finis les pleurnichards faisant la gueule. Juste un bon groupe de personnes, heureux d'être libres et en vie. Je suis maintenant fier de les appeler mon groupe d'attache. Ils m'ont donné leur sagesse. Ils m'ont donné leur confiance. C'est agréable de sentir qu'on a confiance en vous. Je tente de transmettre le message tel qu'il m'a été transmis en correspondant avec des détenus et, aussi souvent que possible, en assistant à des réunions dans un pénitencier à proximité.

Comme il s'agit d'un choix de vie, je me suis aussi engagé activement dans le service à ma communauté. Après avoir constitué pendant tant d'années un danger, au mieux une nuisance publique, je me sens obligé de faire quelque chose de positif. Je sais que certains restent sceptiques, mais je vais continuer à tout faire pour atteindre un certain niveau de respectabilité dans ma ville. Les miracles, apparemment, ne sont pas réservés aux saints. Grâce à vous tous, les alcooliques anonymes, je suis abstinent et libre.

GREG N.
Nipawin, Saskatchewan

PUISSANCES SUPÉRIEURES ET TAILLES ANOREXIQUES
Août 1964

J'ai toujours cru en l'existence d'une Puissance supérieure. La mienne s'appelait volonté. Je pensais que la volonté pouvait tout faire pour moi et je la hissais comme un étendard, fièrement. Je nourrissais soigneusement ma volonté tenace dans chaque situation insignifiante. Par exemple, enfant, je souffrais de maux de gorge chroniques, mais j'ai toujours refusé d'ouvrir la bouche pour que le médecin puisse l'examiner. Plus tard, j'ai inversé la tendance et j'ai tout bonnement refusé de la fermer. Du coup, je me mettais souvent les deux pieds dans la bouche. Avec un pied dans la bouche, vous avez encore un peu de dignité ou au moins une jambe pour vous tenir debout. Avec les deux, vous tombez tête première dans votre erreur. Comme ma bouche s'ouvrait automatiquement quand une bouteille se présentait devant elle, lorsque mes pieds n'étaient pas dans ma bouche, la bouteille y était, et vice versa

Au fur et à mesure que le temps passait, au rythme de très nombreuses bouteilles, non seulement je devenais ivre, mais je grossissais ! Je me retrouvais dans la bataille du liquide et du solide et je perdais les deux.

Cependant, je savais que je pouvais faire un régime minceur si je faisais appel à ma vieille compagne, la volonté. J'avais déjà fait des régimes liquides, mais je choisissais les liquides ! Quelle déception d'apprendre que l'alcool contenait des calories ! Que ma puissance supérieure, l'alcool, me faisait grossir ! Je me suis souvenue de l'époque où j'avais décidé d'arrêter complètement de manger et de seulement boire pour l'énergie. J'avais alors demandé au médecin pourquoi je ne perdais pas de poids alors que je ne mangeais absolument rien. Il m'a expliqué que je devais d'abord faire sortir l'eau de mon système. (Quelle eau ?)

J'ai alors commencé mon régime. Nourriture diététique et zéro alcool. Ces mois ont été particulièrement tristes. Six de suite pour être précise. Ma volonté triompha. En vérité, j'en suis venue à ressembler à une sylphide (ver, larve ou esprit imaginaire vivant dans les airs, Webster). Je suis devenue svelte, méchante et très, très assoiffée. Je portais du 12 ans et une horrible expression.

Quand les gens m'avouaient qu'ils me trouvaient plus agréable quand j'étais plus ronde, je me persuadais qu'ils étaient jaloux. Quand ils suggéraient que j'étais trop maigre et que j'avais l'air épuisée, je répondais par des remarques désagréables. J'ai également commencé à lire et à discourir sur les méfaits de l'alcool. Je suis devenue une autorité en matière d'imprégnation éthylique, d'aliments sains, de vitamines et d'exercice. J'ai laissé mes amis buveurs me surprendre en train de les regarder de travers tandis qu'ils sirotaient un cocktail. Je ne manquais jamais de leur rappeler leur comportement étrange lors de la dernière fête. Je suis devenue un vrai modèle des lendemains de fête. Je ne manquais jamais une occasion de paraître de bonne humeur et joyeuse en présence de personnes avec une tête de lendemain difficile. Mon expression favorite était : « Heureusement que je ne bois pas. » Ma présence à une fête devenait à peu près aussi bienvenue qu'un scorpion dans un berceau. Je tenais des statistiques précises sur les quantités consommées par chacun. Non seulement je rebattais les oreilles, mais j'inondais le marché. J'ai gâché le plaisir de bien des buveurs heureux, traitement qu'infligent les AA aux alcooliques. Inutile de dire que je n'ai gagné aucun Nobel de la paix ni le prix Pulitzer pour avoir amélioré les relations publiques ou l'humanité, cette année-là.

Et puis un jour, mon pouvoir a vacillé. Ma volonté a soudain pris congé et l'apitoiement, le ressentiment, l'imagination et une soif du diable ne m'ont plus lâchée d'une semelle. Je méritais certainement un petit verre social de temps en temps. Ma volonté fonctionnait parfaitement, je l'avais démontré. Après avoir été aussi sèche pendant aussi longtemps, il ne me faudrait probablement boire que quelques gouttes. D'ailleurs, j'avais beaucoup de torts à me faire pardonner et je devais regagner mes amis, n'est-ce pas ?

Hélas, toutes mes petites papilles roses et assoiffées ont repris vie dès le premier verre. Non seulement j'étais encore plus assoiffée qu'avant, mais quel appétit ! Même la nourriture que je détestais avait le goût d'un délice cuisiné par un chef parisien. Le pain blanc était un gâteau des anges. Plus je buvais, plus je mangeais. En peu de temps, je suis redevenue la bonne vieille grosse ivrogne que j'avais été. J'ai commencé à éclater de nouveau de rire pour tout et n'importe quoi et ma taille tout juste reconquise s'est envolée dans la foulée.

Où, mais où était donc passée mon ancienne volonté, si fiable ? Finalement, j'ai appelé les AA. Maintenant, j'ai un pouvoir plus fiable : la puissance de Dieu. Mon ancienne puissance supérieure qui était l'alcool a été remplacée par celle de Dieu tel que je le conçois, et c'est tant mieux.

P.S. Je reporte du 16 ans, mais l'abstinence s'adapte à toutes les tailles, rafraîchit le teint et s'ajuste à merveille aux « dames » alcooliques. Faites votre shopping aux réunions des AA et vous trouverez tout ce que vous cherchez dans la ligne abstinence.

M. U.
Boulder, Colorado

AUTODIAGNOSTIC : IVROGNE
Octobre 2007

Alors, comme ça, j'étais une alcoolique ! Qui l'eut cru ? Apparemment, j'étais la seule à ne pas m'en douter. Pourtant, malgré ma surprise solitaire, j'embrassais ma nouvelle découverte avec panache.

Je me lançai dans le programme et je fis tout ce que les AA me suggéraient durant les 89 premiers jours. Ils me dirent : « Allez aux réunions aussi souvent que vous buviez. » J'obtempérai et m'y rendis le soir au moment du *happy hour*. C'était l'heure à laquelle j'avais tendance à me laisser dériver vers le premier bar venu. J'assistais donc plutôt à une réunion. Les weekends étant le moment le plus difficile, je participais aux réunions 24h/24 ces jours-là. Ils me conseillèrent également de « lire le Gros Livre » dont je parcourus diligemment les pages, surligneur en main.

Ce faisant, un passage lu à la page 35 me donna à réfléchir. Le dernier paragraphe de cette page décrit clairement un plan simple pour l'autodiagnostic, encourageant celui qui peut avoir des doutes à rejoindre le bar le plus proche et à essayer de boire de manière contrôlée. Bien sûr, pensais-je, et si je n'étais pas vraiment alcoolique ?

Consommation contrôlée d'alcool ? Est-ce que cela pouvait seulement exister ? Je n'y croyais pas.

En tout cas, pas que je sache. Je buvais délibérément dans le but évident d'être aussi bourrée que possible. Cependant, et pour ma défense, durant mes 17 années de consommation d'alcool, de bagarres et de destructions de bars, de voitures et de maisons, il ne m'était jamais venu à l'esprit de faire preuve d'un semblant de retenue.

Par conséquent, il me semblait que j'avais trouvé une faille dans la permanence à me décrire moi-même comme ivrogne. Armée d'une lueur d'espoir arrachée directement des pages du Gros Livre, je décidai de mener ma consommation d'alcool là où aucun ivrogne ne l'avait jamais conduite (avec succès) auparavant : j'allais marcher péniblement avec elle sur la route de la modération.

J'avais un plan, ce qui, pour moi, était bon signe, car je n'avais jamais rencontré un véritable alcoolique qui eut un plan. Ma stratégie était la suivante : j'allais me rendre dans un bar, attendre et converser pendant 15 minutes, puis commander une bière. Je siroterais cette bière durant les 15 minutes suivantes, puis j'attendrais encore 15 minutes avant d'en commander une autre. Cela ne durerait que le temps de trois bières, pas plus. Ensuite, je parlerais — sans boisson — pendant une heure entière avant de me retirer pour rentrer chez moi, sobre.

Bientôt, l'occasion rêvée se présenta de mettre en pratique mon nouveau mode de consommation contrôlée. Un vendredi soir, à Detroit, je devais aller jouer comme ailier gauche d'une équipe féminine de hockey sur glace amateur. L'équipe appréciait particulièrement les matchs nocturnes en début de weekend parce qu'elle pouvait se retrouver après le match.

Comme j'étais dans mes 90 premiers jours d'abstinence et que je n'avais jamais joué avec cette équipe auparavant, aucune ne connaissait mon ancienne façon de boire. En d'autres termes, elles ne savaient rien de ma grosse douzaine d'années de vomissements, pertes de connaissance, absences au travail... rien de très classe quand on y réfléchit.

Cependant, ayant décidé d'abandonner ce type d'attitude, leur ignorance serait le ciment des fondations de ma nouvelle construction. Autrement dit, soit je réussissais dans ma quête d'interaction lucide, soit j'échouais et terminais misérablement bourrée, ce qui peut arriver à tout le monde.

Je me mis donc à l'œuvre et me heurtai immédiatement à un écueil. Je fus choquée de constater que l'attente entre les bières était interminable. Il m'arriva même une ou deux fois de regarder l'horloge sans ciller pour m'assurer que les aiguilles avançaient.

Et la conversation ? Quel en était l'intérêt, au fait ? Franchement, qui discute juste pour le plaisir dans un bar ? Je levais les yeux au ciel et grognais par-devers moi. De toute évidence, personne dans la pièce n'avait compris le sens de ce type de réunion.

Mais mes coéquipières étaient là, assises, à rire et bavarder sans vraiment s'intéresser à leurs boissons qui se réchauffaient rapidement. J'étais tellement dégoûtée que je pouvais à peine me concentrer sur ce qui se disait. En plus, ma première bière disparut beaucoup plus vite que les 15 minutes que je m'étais accordées.

Je supposais que j'avais juste très soif. En effet, malgré la défaite de notre équipe ce soir-là, nous avions joué à un rythme effréné. Je parvins à faire mieux pour la deuxième bière, même si j'avais encore l'impression d'avoir attendu quatre heures pour la commander.

En bref, mon expérience fut, de façon surprenante, un succès total, mais à quel prix ? Je retournai à ma voiture avec une sensation d'épuisement physique et mental. Le temps destiné à connaître mon équipe fut dépensé en vain : j'avais consacré tellement d'énergie à contrôler ma consommation d'alcool que je n'avais pris que peu de plaisir et ne pouvais que vaguement me rappeler la moindre discussion. J'étais vidée et consternée d'avoir ruiné 89 jours d'abstinence et de ne même pas avoir pris la peine de m'enivrer même un tout petit peu.

Pourtant, je ressentais aussi un mélange d'exaltation et un sentiment inconnu de défaite satisfaite. Je compris que même si mon but avait été atteint cette fois-ci, selon toute vraisemblance il ne me faudrait pas très longtemps avant de retourner à mon ancienne manière de boire.

Je compris que même si je pouvais soutenir un tel modèle de consommation contrôlée un certain temps, je n'aurais jamais ce que l'on considère comme des habitudes de consommation « normale ». Franchement, qui, à part un alcoolique, entreprend de scénariser méticuleusement sa consommation d'alcool ?

C'est sur le chemin du retour que j'ai décidé de capituler. Là, dans ma voiture, je fus enfin en mesure de faire cette Première Étape vers la guérison. Je m'avouai à moi-même que j'étais impuissante face à l'alcool et que j'avais perdu contrôle de ma vie et de ma consommation.

Le lendemain matin, je retournai à mon groupe d'attache. Ils rirent joyeusement de mon projet et m'accueillirent à nouveau en me recommandant de rester. Je me suis exécutée pendant près de quatre ans et je ne me suis plus jamais demandé si j'étais ou non alcoolique.

NICKI J.
Los Angeles, Californie

L'HISTOIRE DU CHIEN QUI PARLE

Mai 1962

Ma femme, Mary, me dit que les histoires de chiens qui parlent sont stupides et démodées. Elle a peut-être raison.

Vous n'êtes pas obligé de me croire. Moi-même, aujourd'hui, amateur de chiens, éleveur de Chihuahuas primés, trésorier d'une banque de comté prospère, rien de tout cela ne s'est vraiment passé. Je préfère ça. Mais il y eut cette nuit de janvier, froide et sans lune.

Tout était dans un entre-deux... Trois cents mètres de route non éclairée me séparaient encore de chez moi. J'étais à pied. Entre moi et ma maison m'est parvenu un grognement sourd. Le grognement résonnait entre deux taches rondes de lumière verte. Le ton était mordant et je pouvais imaginer les dents qui allaient avec, de grandes dents blanches sous les deux taches rondes de lumière verte qui, à n'en pas douter, étaient les yeux d'un chien. Un grand chien.

Ces deux taches, à hauteur de grand chien, se déplaçaient quand je me déplaçais et quand j'essayais de passer par la droite ou par la gauche, elles s'interposaient. Alors j'ai renoncé.

« Rentre chez toi, le chien », lui ai-je dit de ce que je pensais être un ton ferme.

« Je déteste les ivrognes ! » La résonance en retour me fit sursauter.

Pas tellement parce que le chien avait parlé. Depuis quelques semaines, maintenant, j'étais devenu habitué à ce que des choses improbables essayent d'engager la conversation avec moi. Il y avait le petit verre qui me traitait de « chancelant » jusqu'à ce que je passe aux doubles. Et quelques bouteilles de bière au bar Emerson qui s'obstinaient à se renverser en disant « Oups, désolée » au barman. Un chien qui parle ne me surprenait donc pas le moins du monde. C'était le ton. Il lui manquait cette qualité d'elfe amusant qu'avaient les verres de whisky et les bouteilles de bière. Cela ressemblait trop à un chien en colère et je n'étais pas du tout en état de faire face à des chiens en colère.

J'ai dit : « Laisse-moi passer, d'accord ? »

« C'est une opinion purement personnelle, commenta le chien, mais je pense que les ivrognes puent. » Il ponctua son accusation d'un rictus menaçant quand je fis un pas en avant. « Pour moi, vous autres, les ivrognes, vous puez même quand vous ne sentez pas, ce qui est rarement le cas. Vous buvez et pensez comme des animaux et ensuite vous avez le culot de me traiter de chien. »

« Veux-tu bien me laisser passer ? Laisse-moi rentrer chez moi ! »

« Pourquoi ? Pour que tu puisses rudoyer les gens parce qu'ils sont abstinents ? Pourquoi n'essaies-tu pas de me rudoyer, moi ? Tu peux à peine tituber jusque chez toi et tu veux brailler sur ta femme et tes enfants, simplement parce que... »

« Je ne veux brailler sur personne, l'interrompis-je. Tout ce que je veux, c'est rentrer chez moi, dormir un peu et aller à l'église demain matin. » Et j'ajoutai, suffisant et insensé : « Tu vois, je ne suis pas aussi animal que tu le crois. »

« À l'église ! dit le chien. Tu sais quelle est ta croyance ? Spiritus frumenti ! Tu sais quelle est ton église ? L'église des spiritueux ! Tu sais ce que tu es ? Tu es un alcoolique dévot ! » Il ricana. « Alcoolique dévot. »

Je me suis avancé, vacillant sur une jambe, puis j'ai donné un coup de pied et un cri m'a fait savoir que j'avais touché. Je donnai un autre coup de pied, cette fois dans le vent, glissai, tombai sur mes fesses sur le gravier et restai là, assis, à crier : « Tu es fou, le chien ! Les chiens ne parlent pas ! Tu m'entends, le chien fou ? Seuls les chiens fous savent parler ! »

Les mains qui me remirent sur mes pieds n'étaient pas douces. Il y avait un style professionnel dans la façon qu'elles avaient de tenir mon bras droit plié derrière moi, avec la paume de ma main vers le bas de mon dos. Et mon col tout à coup me serrait, à cause des gros doigts qui s'y étaient insérés. On me fit me retourner et je sus alors qu'il y avait maintenant une voiture en face de moi, même si les phares étaient éteints. Je pensais qu'il pouvait s'agir d'une sorte de taxi fantaisie, en raison de la lumière rouge et blanche qui tournait au-dessus. Puis le propriétaire des mains professionnelles me dit : « Maintenant, arrêtez de crier et montez dans la voiture. » Sa voix était sourde, comme l'annonceur d'une symphonie. La lumière rouge et blanche se réfléchissait sur son badge.

« Je veux rentrer chez moi, » dis-je.

« Je n'en doute pas, » répondit la voix par-dessus mon épaule. « Et c'est où, chez vous ? »

« Juste là-bas, tout près en suivant la route. »

« De quelle route parlez-vous ? » Il ouvrit la porte de la voiture de patrouille noire. « Montez, voilà, c'est bien. Asseyez-vous. »

« La route de Frelinghuysen, n'est-ce pas la route de Frelinghuysen ? »

« Si ça l'est, elle est à 15 kilomètres de l'endroit où elle était ce matin. Ici, nous sommes à Parkview dans la propriété du docteur Parson. Et le docteur n'aime pas que vous le réveilliez à deux heures du matin en criant dans son allée ».

À Cloverdale, le juge de paix Conley travaillait aussi le dimanche matin, juste après la messe. Cela lui permettait de vider la cellule de dégrisement et d'économiser au comté le coût des déjeuners du dimanche. Le juge Conley adopta le ton monocorde et absent du greffier pour me faire la lecture de l'acte d'accusation.

« Robert Mead, en violation du paragraphe sept, section 1203 du Code civil pour ivresse, tapage et trouble de l'ordre public, qu'avez-vous à dire pour votre défense ?

Je le regardai en silence, convaincu que si je tentais de dire quoi que ce soit, rien ne sortirait. Je tremblais et j'avais envie de boire la mer et ses poissons.

Le Juge Conley me regardait fixement. Pour lui, je suppose, j'étais le résumé et la somme des 11 ivrognes qui m'avaient précédé dans cette parade du dimanche matin. Et son regard n'était pas muet. Il disait : « Vous n'aviez pas de problème, hier soir, à brailler dans la propriété du docteur Parson, quel est votre plaidoyer ? »

Je me levai et le regardai.

« Sachez, dit le Juge, que ceci est une opinion purement personnelle, mais je pense que les ivrognes puent. Pour moi, vous autres, les ivrognes, vous puez même quand vous ne sentez pas, ce qui est rarement le cas. Vous buvez et pensez comme des animaux et ensuite vous avez le culot de vous attendre à ce que je sois clément dans ma justice ! »

Les mots étaient les mêmes que ceux du chien, mais la voix était celle de la justice.

Je n'ai pu m'empêcher de rectifier : « La citation n'est pas exacte. Il a dit « avoir le culot de me traiter de chien. » C'est sorti dans un murmure. Quelque chose allait terriblement mal avec mes cordes vocales. Mais je suis parvenu à ajouter d'un ton presque normal : « Je veux juste rentrer à la maison, retrouver ma famille. »

« Pourquoi ? » demanda le Juge Conley. « Pour que vous puissiez rudoyer les gens parce qu'ils sont abstinents ? Pourquoi n'essayez-vous pas de me rudoyer, moi ? Vous pouvez à peine tituber jusque chez vous et vous voulez brailler sur votre femme et vos enfants, simplement parce que... »

« Maintenant, vous répétez exactement ce qu'il a dit, l'interrompis-je. Sauf que le chien a dit 'avoir le culot de me traiter de chien' au lieu de... »

« Huissier, qu'est-ce que cette personne est en train de dire ? » Le caractère inflammable du juge commençait à s'échauffer.

« Monsieur, il a dit quelque chose à propos de l'appeler un chien. Peut-être pense-t-il comme il ressent. Peut-être se croit-il un chien. »

« C'est exactement mon opinion, » grinça le Juge Conley. « Mead, quel type d'animal êtes-vous vraiment ? Vous avez dit aux policiers que vous aviez une femme et des enfants. Vous leur avez dit que vous étiez en train d'essayer de rentrer à la maison pour pouvoir aller à l'église ce matin. Vous savez quelle est votre croyance ? Spiritus frumenti ! Quel genre d'église apprécie la compagnie spirituelle d'un homme de votre espèce ? QUELLE église ? Qu'est-ce que vous prétendez être ? Répondez-moi ! »

Comme mentionné plus haut, quelque chose était arrivée à mes cordes vocales. Et à ma pensée. Je voulais aboyer et grogner. Mais je répondis à la commande.

L'huissier de justice, se penchant pour écouter, m'entendit dire : « Je suis un alcoolique dévot. » Et puis j'ai aboyé. Pas un aboiement très fort, mais pas très amical non plus.

Eh bien... Je suppose que, comme toutes choses, 30 jours passent aussi. Et je dois préciser ici que je ne raconte plus d'histoires de chiens qui parlent. C'en était juste... une pour la route.

N. H.
Annapolis, Maryland

CHAPITRE CINQ

« Alors, qu'attendez-vous ? Rendez-le
abstinent ! »

CONVOQUER LES SUSPECTS HABITUELS

Des visites de Douzième Étape au déroulement imprévu

D ans « J'ai frappé à la mauvaise porte », un membre des AA, lors d'une visite de Douzième Étape, se demande pourquoi la personne visitée ne se souvient pas avoir demandé à l'aumônier de l'hôpital d'appeler les AA pour lui. Mais l'homme, de toute évidence un gros buveur, se rend quand même à une réunion avec le membre. En fin de compte, ce n'était pas la bonne personne, mais la « mauvaise personne » aime ce qu'elle entend et décide d'essayer les AA. Dans « Le parrainage d'un bébé AA », l'auteur compare « l'auto-absorption totale » de son fils nouveau-né et « son absence totale de reconnaissance » à certains comportements observés chez les « bébés » AA. Dans ce chapitre, des AA parlent de tâches de Douzième Étape inhabituelles accomplies au fil des ans.

J'AI FRAPPÉ À LA MAUVAISE PORTE

Février 1961

En octobre 1958, certains d'entre nous ont aidé à créer un groupe à l'hôpital pour anciens combattants de notre ville et y ont travaillé activement depuis. Le personnel s'est montré très collaboratif, notamment l'aumônier protestant, un homme tout à fait dévoué.

Il y a trois semaines, l'aumônier m'a appelé et m'a annoncé qu'un patient au septième étage de l'hôpital lui avait avoué qu'il aimerait beaucoup parler de sa consommation d'alcool à quelqu'un des Alcooliques anonymes. L'aumônier ne se rappelait plus le nom complet de cet homme, toutefois, il m'a dit que son nom était Johnson et m'a proposé d'aller à l'étage où le préposé de la salle me le signalerait. Comme j'étais assez occupé par d'autres tâches concernant les AA à ce moment-là et que je ne pouvais pas faire la visite moi-même, j'ai appelé notre club et leur ai passé le message. Habituellement, c'est tout ce qu'il y a besoin de faire et la visite se fait rapidement.

Quelques jours plus tard, un soir de réunion dans cet hôpital, je suis allé voir Johnson et j'ai découvert qu'il avait quitté l'hôpital la veille. Je n'y ai pas trop pensé sur le moment, mais une semaine plus tard, j'ai découvert que, en raison d'un malentendu, la visite n'avait pas été effectuée et personne n'avait contacté Johnson. C'est une erreur qui arrive parfois et je suppose que nous nous étions plantés.

La semaine suivante, en parlant avec l'aumônier à l'hôpital, je lui ai dit que nous avions manqué son homme; je lui ai expliqué comment c'était arrivé et lui ai présenté mes excuses. Il a ensuite appelé le bureau administratif et m'a donné le nom et l'adresse complète de Johnson. Vu qu'il vivait dans notre ville, je me suis dit que nous pourrions entendre parler de lui à nouveau.

De retour au bureau, je m'imaginais Johnson qui était peut-être, en ce moment même, en train de critiquer le mouvement des AA parce qu'il avait demandé de l'aide et que nous n'avions pas répondu à son appel. J'ai finalement pris ma voiture et me suis rendu jusqu'à son domicile pour lui donner des explications. Les rideaux étaient tirés, le climatiseur fonctionnait à plein régime, mais personne ne venait m'ouvrir. Cette situation étant familière pour certains d'entre nous, je continuais de sonner. Enfin, la porte s'est ouverte et un homme se tenait devant moi, vêtu seulement de son pantalon, à peine capable de se tenir debout. Il m'a proposé d'entrer et je lui ai dit qui j'étais et que je venais des AA suite à sa conversation avec l'aumônier. Il ne semblait pas très au clair sur ce point et insistait qu'il ne se souvenait pas d'avoir parlé à l'aumônier à ce sujet. Il parlait de suicide, pleurait, riait, titubait et semblait vraiment mal en point. Il a finalement dit qu'il pourrait essayer de devenir abstinent et a accepté d'aller au club avec moi. Nous l'avons gardé au club environ deux heures puis il nous a dit qu'il en avait assez. Comme il voulait partir, je l'ai emmené dans la partie nord de notre ville, dans un endroit où sa petite amie travaillait. Je lui avais donné une brochure « Le mode de vie des AA » avec mon nom et mon numéro de téléphone. J'ai jeté un dernier regard dans sa direction : il zigzaguait le long de la rue avec le petit livre bleu qui dépassait de sa poche.

Le lendemain, j'ai appelé l'aumônier pour lui dire ce qui était arrivé à son homme et il m'a rapidement informé qu'il était bien désolé, mais qu'il avait fait une erreur dans les noms : l'homme auquel il avait parlé s'appelait Jones et non Johnson. Il a dit qu'il connaissait Johnson, mais que lui et le médecin de Johnson pensaient que les AA, ou qui que ce soit d'autre, perdaient leur temps à essayer de lui parler. J'étais assez d'accord avec lui et je me suis replongé dans mes affaires.

J'ai rapidement été surnommé « Bill au mauvais type » et tout le monde riait beaucoup. Ok, je suppose que c'était amusant, mais il y a une suite.

La semaine dernière, le téléphone a sonné au club, vers dix heures du matin. Oui, c'était mon ami Johnson. Il voulait de l'aide. Quand nous sommes allés le chercher, cela faisait plusieurs heures qu'il ne buvait pas et essayait de trouver le courage de nous appeler ; il avait l'air de vraiment vouloir ce que les AA pouvaient lui offrir. Il a été emmené à notre Maison de la Douzième Étape où il est resté cinq jours. Il est parti ce matin, abstinent, les yeux brillants, à la recherche d'un emploi, et apparemment littéralement « ressuscité d'entre les morts. » Il n'avait pas dessoulé depuis 1953 et n'avait pas travaillé un seul jour durant cette période. Ses yeux brillaient ce matin en s'éloignant et il avait l'air transformé. Vous reconnaissez ce type de changements parce que vous les avez vécus vous-mêmes.

Maintenant, s'il est alcoolique, nous savons tous qu'il pourrait s'enivrer à nouveau demain, mais je choisis de croire que cette Puissance supérieure dont nous parlons tant a fait quelques heures supplémentaires la semaine dernière et, que mon homme reste abstinent ou pas, je crois que je me trouvais dans la présence même de Dieu ce jour-là, quand Johnson m'a ouvert sa porte, les larmes aux yeux et m'a saisi par le cou en me disant qu'il voulait essayer.

B. C.
Oklahoma City, Oklahoma

PRENEZ-LE
Juin 1999

C'était un dimanche soir, juste avant le début de la réunion de 19 h 30, une réunion de discussion avec podium, à laquelle j'assistais régulièrement. Je me trouvais à l'extérieur quand une voiture est arrivée. Une femme en est descendue, qui semblait avoir une bonne trentaine d'années, bien habillée et avec un regard sévère. Elle s'est dirigée vers le côté passager et a ouvert la porte de la voiture. Elle s'est baissée, a saisi un homme complètement ivre et l'a tiré hors de la voiture. Il pouvait à peine marcher. Tout ce qu'elle a dit a été : « Je ne veux plus de lui. Prenez-le. »

Eh bien... je suis entré dans la salle de réunion pour demander à un de mes amis de m'aider avec cet ivrogne dehors. L'homme était vraiment complètement bourré, incapable d'articuler, sale, hirsute et il puait l'alcool. Nous l'avons mis dans la camionnette de cet ami et l'avons emmené chez ce dernier. Et nous voilà, assis dans le salon, nous demandant que faire avec ce gars. L'ivrogne semblait vouloir aller à l'hôpital et être admis dans l'aile des alcooliques. Nous étions d'accord pour dire qu'il avait probablement fait cela plusieurs fois avant.

Donc, direction l'hôpital, à environ une heure de route, et en chemin, le type voulait constamment nous embrasser. Son haleine était terrible. Un ivrogne aviné n'est pas agréable à voir ou à sentir. Nous sommes arrivés à l'hôpital et avons attendu longtemps pour le faire admettre. C'était un hôpital du comté dans une grande ville, avec tellement de gens dans la salle d'attente que nous pensions que notre homme ne serait jamais admis. Il a pourtant fini par l'être. Alors que le médecin examinait son cas, nous sommes allés à l'extérieur pour prendre l'air frais de la nuit. En fait, il était presque minuit. Environ 20 minutes plus tard, nous sommes retournés pour savoir ce que le médecin allait faire avec lui. Le type était introuvable. Il n'était pas dans la salle d'observation et l'infirmière ne savait pas où il se trouvait. Nous avons commencé à poser des questions et un autre patient nous a dit qu'il s'en était allé à toute vitesse par la porte de sortie. Notre candidat à la Douzième Étape s'était envolé. Du coup, nous sommes repartis chez nous et en route, nous nous sommes arrêtés pour déjeuner. La nuit avait été longue, mais nous nous étions amusés. Nous avons terminé notre repas et sommes rentrés chez nous vers trois heures du matin.

Aucun de nous deux n'a plus eu de contact avec cet ivrogne et nous ne l'avons pas non plus vu à nos réunions. Je suis tombé sur la femme qui l'avait déposé et elle m'a dit qu'il avait déménagé sur la côte Est et y buvait beaucoup. Après la séparation, il était retourné dans sa ville natale à elle, sur la côte Est où sa famille le connaissait.

Environ cinq ans se sont écoulés. Un jour, j'ai reçu un message sur mon répondeur me remerciant de mon aide ce soir-là. Cet homme avait été abstinent chez les AA pendant deux ans. J'ai reçu le message le jour de Noël — quel cadeau !

RON N.
Oakhurst, Californie

PARRAINAGE D'UN BÉBÉ AA
Décembre 1962

Un matin de juillet 1961, ma femme se réveilla de bonne heure en se plaignant de douleurs abdominales sévères. Je l'ai conduite d'urgence à l'hôpital, où elle disparut soudainement dans un couloir antiseptique alors qu'une femme dans un uniforme amidonné m'ordonnait sur un ton autoritaire de patienter dans la salle d'attente. Pendant deux heures, j'ai lu à l'envers un magazine vieux d'un an et j'ai tenu une conversation sans queue ni tête avec un jeune homme debout, un pied sur un radiateur, qui fronçait les sourcils en regardant par la fenêtre. Il était beaucoup plus jeune que moi, pourtant c'était sa troisième expérience de ce genre. Je ne pouvais pas me résoudre à admettre que c'était ma première fois, même si j'avais presque 36 ans.

Je commençais à en vouloir sacrément à ce fertile jeune homme et à son côté condescendant quand j'ai vu ma femme allongée sur une table par la porte ouverte de la salle d'attente. Elle était couchée sur le ventre, un exploit qu'elle n'avait plus accompli depuis de nombreux mois. La vieille femme autoritaire suivait de près et me grogna que je pourrais venir voir ma femme dans quelques minutes, mais la visite devrait nécessairement être courte pour éviter la contamination de sa chambre. Et c'est ainsi que 10 minutes plus tard, j'étais debout à proximité du lit de ma femme quand on nous présenta notre fils nouveau-né, Wayne William.

À ce moment précis, une vague de peur m'envahit. Je me trouvais là, moi, membre des AA de longue date, célibataire endurci, parfois solitaire, responsable d'une créature qui était apparemment analphabète et incapable de subvenir à ses besoins. Il ne pouvait ni marcher, ni parler, ni distinguer les objets et encore moins se nourrir. Et il n'était pas du tout joli. Sa tête était en forme de gourde sous-alimentée et son visage avait un air de colère comprimée. J'étais convaincu que j'avais affaire à un King Kong miniature et chauve.

L'infirmière babillait, toute excitée par ce si joli bébé, mais je rejetais son bavardage, l'apparentant à la rhétorique commerciale hypocrite qu'utilisent les professionnels de la santé. Après tout, sans un peu de baratin de ce genre, vous seriez enclin à abandonner les bébés ou à les expédier au zoo. J'avais envie de lui dire : « D'accord, ça va, ma bonne dame, vous pouvez nous laisser tranquilles. » Mais je ne voulais pas blesser les sentiments de cette vieille âme exubérante et je m'étais aussi aperçu que le discours de vente avait apparemment sur ma femme l'effet d'un lavage de cerveau, vu qu'elle n'avait évidemment pas remarqué la tête en forme de gourde et le visage ridé. Puis je me suis souvenu que ma femme n'avait probablement jamais entendu parler de King Kong non plus !

Cinq jours plus tard, dans un geste qui me frappe encore aujourd'hui comme brutal et sadique, l'hôpital a brusquement cessé de prendre soin de ma femme et de Wayne William, et je me suis retrouvé seul avec eux dans l'entrée, nerveusement occupé à préparer le retour à la maison. À ce moment-là, la tête en forme de gourde avait commencé à prendre les contours plus acceptables d'un melon et son visage semblait moins ridé, moins en colère. Je l'examinai soigneusement et décidai qu'il était nettement moins repoussant qu'il ne l'avait été lors de notre première rencontre. Je fis démarrer la voiture et conduisis jusqu'à la maison à deux kilomètres à l'heure.

Durant les deux semaines suivantes, j'ai enduré l'insupportable. Des cris aigus me catapultaient du lit à 2 heures du matin. Je marchais sur des couches molles qui avaient été laissées par terre. Je passais la plupart de mon temps libre à faire les courses, car cette nouvelle créature nécessitait une incroyable quantité de matériel d'entretien. Les factures ont commencé à affluer. J'étais pris au piège, impuissant, me sentant presque noyé sous les responsabilités.

Comme elle le fait toujours, la philosophie des AA arriva au galop à la rescousse avec un programme d'action pour prendre soin des bébés. Ces bons vieux membres des AA m'avaient sauvé la vie plus de 10 ans auparavant, et avaient, d'une manière ou d'une autre, toujours été assez souples et assez polyvalents pour me montrer des façons de résoudre d'autres problèmes de la vie. Ils m'avaient appris à coexister avec les employeurs despotiques. Ils m'avaient appris l'art de composer avec des gens impossibles. Ils m'avaient même montré que l'une de ces personnes impossibles, avec qui je n'avais pas été du tout en bons termes, c'était moi, et en peu de temps le programme magique des AA avait guéri cette relation problématique. Maintenant, qu'est-ce qu'ils pouvaient m'enseigner sur la cohabitation avec ce nouveau venu difficile, cette source de perturbations nocturnes et de couches traîtresses ?

Ils avaient pas mal de choses à m'enseigner. D'une part, en tant que membre des AA, j'avais toujours appelé les nouveaux membres par le terme en usage de « bébés ». D'autre part, j'avais depuis long-

---

QUESTION DE POINT DE VUE :

DEUX AA FAISAIENT UNE VISITE DE DOUZIÈME ÉTAPE. DURANT LA CONVERSATION, L'ALCOOLIQUE ACTIF DEMANDA À L'UN D'EUX COMBIEN DE TEMPS IL AVAIT ÉTÉ MEMBRE. « DIX ANS » FUT LA RÉPONSE. IL HOCHA LA TÊTE, PUIS POSA LA QUESTION AU DEUXIÈME HOMME, QUI RÉPONDIT : « CINQ SEMAINES. » L'ALCOOLIQUE SOUFFRANT OUVRIT DE GRANDS YEUX. « CINQ SEMAINES ! », S'EXCLAMA-T-IL. « COMMENT DIABLE AVEZ-VOUS FAIT ? ! »

ANONYME, JANVIER 1964

temps reconnu que les alcooliques étaient des personnes émotionnellement immatures, ce qui, par inférence, signifie qu'à certains égards, ils en étaient encore au stade du berceau. Enfin, j'avais toujours eu la conviction que le programme des AA constituait un guide infaillible pour la réussite des relations humaines et, en particulier, familiales. La paternité n'est-elle pas en fait une forme de parrainage ? Ne nous assigne-t-elle pas la tâche de prendre une personne sans défense par la main et de l'aider à se développer et à devenir indépendante ? Certes, le parrainage des AA est bref, décontracté et relativement simple, alors que la paternité est une responsabilité pour toute la vie, mais tous deux devraient avoir pour objectif d'aider les personnes à atteindre la liberté, à être utile et à développer un certain degré de bonheur. Le parrain sage aura même la volonté de voir son « bébé » finir par le dépasser dans ces domaines.

Cela dit, il faut que je vous avoue qu'au début, Wayne William — mon bébé AA anonyme — n'était guère prometteur. Une liste de certains de ses traits principaux montre à quel point il était semblable à la plupart des « bébés » qui arrivent chez les AA :

AUTO-ABSORPTION TOTALE : Il ne semblait conscient que de lui-même et de ses besoins immédiats.

INCAPACITÉ À SE NOURRIR SEUL : Il était incapable d'amener la nourriture et la boisson à ses propres lèvres.

ABSENCE TOTALE DE RECONNAISSANCE : Il prenait ce qu'il voulait, quand il voulait, sans le moindre signe de reconnaissance.

MANQUE DE CONSIDÉRATION POUR LES AUTRES : Il émettait aussi des bruits intempestifs même quand d'autres tentaient désespérément de dormir.

ABSENCE TOTALE DE DÉCENCE : Il faisait preuve d'un mépris total pour son état de nudité absolue, même en présence de plusieurs visiteurs de sexe féminin.

TRÈS MAUVAISES MANIÈRES : Il produisait des bruits de succion tout en ingérant sa nourriture et rotait bruyamment en finissant.

En tant que parrain de Wayne William, je considérais que ces traits étaient charmants et aimables chez les bébés, mais terriblement handicapants dans le monde des adultes. Il est encore trop tôt pour le dire, mais je ne peux pas m'empêcher de sentir qu'il est beaucoup plus facile de guider un jeune enfant dans la bonne voie qu'un adulte malade chez lequel l'égoïsme et l'orgueil sont désormais profondément ancrés. Jusqu'à présent, les AA ont été en grande partie un programme de rétablissement, conçu pour corriger les attitudes du mental et de l'esprit qui n'auraient jamais dû être sujettes à de tels errements. Mais ces principes ne pourront-ils pas avoir un effet beaucoup plus important sur le tendre enfant qui n'a jamais été déformé et tordu par la cruauté, la négligence, le manque d'amour et toutes les autres forces de haine ? Je crois bien que oui.

Dès le début, cependant, j'ai commencé à aller contre l'avis de presque tous ceux qui avaient déjà « élevé » des bébés. Certains d'entre eux me disaient que je n'y connaissais rien, que je ne savais pas élever des enfants, mais j'écoutais à peine ce qu'ils avaient à dire, car j'avais vu certains de leurs rejetons devenir des marmots imprudents avec de graves problèmes émotionnels. Et je pense que ma femme et moi ne nous préoccupions même pas du mot « élever » : on peut faire un élevage de lapins ou de poulets, mais les enfants devraient être dans une autre catégorie. Ils méritent beaucoup plus qu'un simple « élevage », ils méritent un parrainage. Et j'avais beaucoup plus d'expérience dans le parrainage que n'importe laquelle de ces vieilles femmes qui nous lançaient un regard réprobateur en voyant la façon dont nous traitions Wayne William.

Par exemple, j'ai découvert durant ses premiers jours à la maison qu'il arrêtait de pleurer si nous le nourrissions, si nous le bercions ou si nous le portions pour le promener dans la pièce. J'en déduisais qu'il pleurait parce qu'il était peiné, affamé, mal à l'aise ou effrayé. Ses pleurs étaient sa seule façon de s'exprimer, alors immédiatement, notre politique s'est établie : s'il pleure, on le prend dans nos bras.

J'ai été étonné par le nombre de personnes qui me disaient que je « gâtais » notre bébé. Certains ont même suggéré qu'il nous manipulait, et exploitait ce que nous avions de meilleur. Je ne prêtais que peu d'attention à leurs conseils, car parfois un bon parrainage des AA exige que nous nous placions dans une position où nous sommes « manipulés » et « utilisés » par des gens peu scrupuleux ou mal intentionnés qui ne veulent pas vraiment ce que notre programme peut leur apporter. Mais j'étais certain qu'un enfant en bas âge n'est ni une personne sans scrupules ni un être malavisé, et encore moins doté de l'ingéniosité suffisante pour « utiliser » quelqu'un. Nous avons donc continué à le prendre dans nos bras et après quelques mois, il a semblé le demander de moins en moins. Maintenant, il ne pleure plus que très rarement. Les gens nous font remarquer à quel point c'est un bébé heureux, mais je me demande s'il le serait autant si nous l'avions laissé crier de terreur dans la solitude d'une chambre fermée.

Une autre de nos politiques, ou croyance, résidait dans le fait qu'un bébé doit disposer de tous les droits et privilèges dus à tout être humain et doit être traité avec respect. Dans mes années de célibat, j'avais été férocement indigné par tous ces jeunes parents qui humiliaient leurs enfants en public ou qui avaient tendance à les négliger. J'ai toujours soupçonné qu'ils avaient dû être traités de la même manière quand ils étaient enfants, comme pour moi. Pourtant, je trouvais cette justification plutôt vaseuse de faire subir ces mêmes cruautés à ses propres enfants. Un bon parrainage doit inclure un véritable respect pour le bébé et la volonté de passer du temps avec lui.

Donc, peu de temps après être rentré à la maison de l'hôpital, j'ai commencé à prendre Wayne William pour de longues promenades dans sa poussette, souvent sans ma femme. Je remarquais que d'autres hommes me regardaient d'une manière assez particulière et je réalisais que dans notre société, ce sont les femmes qui emmènent les bébés en promenade. Plus j'y pensais, plus je réalisais que bon nombre d'hommes passent en fait très peu de temps avec leurs enfants. Si une grande partie de nos parrainages chez les AA a un côté un peu rude, c'est que nous n'avons pas encore appris à aimer les gens sans défense et parfois désagréables qui viennent à nous. Nous les soutenons mécaniquement, sans vraiment mettre beaucoup de nous-mêmes dans le parrainage. Le membre des AA qui ressent un véritable amour pour les autres s'élève au-dessus de tout cela et offre un parrainage bien meilleur que ce qui est possible autrement. Et cela a un effet sur le « bébé ».

Il s'agit d'un pauvre parrainage qui n'a pas d'effet miraculeux sur la personne parrainée, et je peux honnêtement dire que le parrainage de mon enfant m'a fait plus de bien que presque toutes mes expériences précédentes. En devenant père moi-même, j'ai mieux compris le rôle de Dieu comme père de l'homme. Je me dis que si Dieu nous aime autant que j'aime mon petit garçon, alors tout va bien se passer dans le monde. J'ai commencé à moins me regarder le nombril, à atteindre une plus grande réalisation personnelle et une compréhension plus nette du monde des adultes autour de moi. Je me suis même senti un peu plus proche des AA, ce qui a bien sûr rendu possible en premier lieu mon parrainage du bébé AA anonyme.

M.D.B.
Michigan

ENTENDU DANS LE (BLIZZARD
Septembre 1948

L es légendes de Chicago racontent l'histoire de deux AA qui travaillaient pour les journaux du matin et ont fait, par conséquent, bon nombre de visites de Douzième Étape tôt le matin.

Il y a quelques années, par une froide nuit d'hiver, un blizzard soufflait, tout droit venu du lac Michigan. Les deux membres répondaient à un appel à l'aide venant de loin, en bordure de la ville. Ils pataugeaient dans la neige, luttant contre un vent fort et se demandaient à voix haute ce qu'ils étaient venus faire dans cette affaire des AA.

Enfin, l'un d'eux dit : « Ouais, ok, c'est pas facile. Mais tu te souviens où nous en étions l'année dernière ? »

L'autre, guère apaisé, répondit sèchement : « Non, je ne me souviens pas, mais je parie que nous étions quelque part, ivres, en train de nous mêler de ce qui nous regarde ! »

ANONYME
Chicago, Illinois

LA VISITE AU PETIT SALON

Juillet 1998

Minuit avait sonné quand cette femme d'âge moyen a ouvert sa porte et nous a invités, George et moi, dans son petit salon bien entretenu. Elle ne ressemblait pas à une personne qui venait de téléphoner aux AA pour demander de l'aide. Au début, nous avons pensé que quelqu'un d'autre dans la maison pouvait avoir un problème d'alcool, mais comme elle nous l'a confirmé, il s'agissait bien d'elle.

George et moi avons partagé un peu de nos histoires. Elle a écouté poliment et semblait s'identifier. Elle n'a pas exprimé l'hostilité à laquelle nous étions habitués et, au contraire, a partagé son histoire avidement, tout en nous servant du café dans de la porcelaine fine. Sa consommation d'alcool ne nous semblait pas si grave que ça. Elle était bibliothécaire d'école, aussi, nous ne nous attendions pas à une histoire d'alcool comme celle d'un débardeur ou d'un représentant de commerce. Et encore une visite de Douzième Étape réussie... C'est du moins ce que nous pensions à ce moment-là.

Après une heure ou deux, la femme était d'accord pour dire que les AA étaient la réponse à ses problèmes, elle avait hâte d'assister à une réunion avec nous ce soir-là. Puis elle dit : « J'ai juste un problème. J'appartiens à une église où le vin fait partie du service de la communion. Vous m'avez dit que les AA ne boivent rien du tout, alors je me demande comment je peux me joindre à votre groupe et rester membre de mon église? »

Elle avait de la chance. George et moi étions tous deux récemment diplômés d'une université jésuite où des cours de philosophie et de théologie nous avaient préparés pour un tel moment. Nous nous sommes relayés pour citer Augustin, Thomas d'Aquin et Pie dans une tentative honnête, bien que peut-être peu judicieuse, d'alléger le fardeau moral de cette dame. Elle vit que nous pouvions faire la différence entre un psaume et un syllogisme et était évidemment impressionnée. (Ni George ni moi-même n'avions pensé que l'absence d'expertise intellectuelle puisse un jour nous protéger des séductions de la dive bouteille.) Il était tard et, tous les deux, nous devions dans quelques heures aller travailler. Nous nous préparions à partir, avec la ferme résolution de continuer notre discours le soir venu. Soudain, George, dans un rare moment de clarté, demanda : « C'est un programme qui fonctionne au jour le jour. Envisagez-vous de prendre la communion ce matin ? »

« Oh non, » répondit-elle. « Cela fait des années que je ne suis pas allée à l'église ! »

À ma connaissance, cette dame n'a pas encore assisté à une réunion des AA. Je ne sais pas si elle était alcoolique ou simplement seule et un peu confuse. Mais, sur le chemin de notre réunion ce soir-là, au début des années 1960, George et moi avons passé beaucoup de temps à rire de nous-mêmes. Nous avions appris une leçon précieuse : prendre ce programme au sérieux, mais pas nous-mêmes !

JIM M.
Escondido, Californie

ᴅES MERLES AIDENT À CONVAINCRE LE CLIENT
Août 1947

Il y a environ cinq ans, quand je pensais que les AA pouvaient être vendus à des gens réticents, j'ai parcouru 120 kilomètres aller et autant pour le retour pour voir un type qui était confiné dans mon ancienne université où j'avais passé environ neuf semaines sans rien apprendre sur l'alcoolisme ni sur moi-même en tant qu'alcoolique. J'allais m'assurer que cela ne lui arrive pas à lui aussi, bon sang ! Non, monsieur ! J'allais répandre la bonne nouvelle dans un élan de grande joie et il reviendrait à la maison et ne boirait plus jamais une goutte de toute sa vie. Cet homme était brillant, un expert-comptable diplômé qui travaillait pour un groupe important. Il ne pouvait pas rater, je me disais. Que faire si l'essence et les pneus sont rationnés ? Débrouille-toi. Oui, monsieur ! Voilà ce que je me suis dit, et ce que j'ai fait. Évidemment, il a pensé que c'était chouette de ma part, mais que bien sûr ce n'était pas pour lui. Cinq années se sont donc écoulées jusqu'à l'après-midi où il m'a appelé pour me demander de l'aide.

Ces cinq années ne l'avaient pas très bien traité ; assis sur le canapé de mon salon, tremblant de tous ses membres, il faisait peine à voir. Je lui ai immédiatement demandé comment il allait. « Très bien », a-t-il répondu, et comme j'ai aussitôt répliqué « Tu n'en as pas l'air », nous en sommes venus aux faits. Nous avons parlé longuement. (Si vous n'avez pas vu le film « Le poison », arrêtez dès maintenant votre lecture et plongez-vous dans quelque chose d'intéressant. J'aurais dû vous avertir dès le début.) Alors que nous parlions, j'ai entendu un léger bruissement dans ma cheminée, auquel je n'ai pas fait attention. Nous avons continué à parler. Il pensait qu'il était peut-être en train de perdre la tête. D'autres bruissements dans la cheminée. Il allait peut-être être atteint de délirium trémens, pensait-il. Il avait la sensation qu'il allait sauter hors de sa peau, disait-il. À peu près à ce moment-là... zoom ! Un merle jaillit du foyer et commença à voler rapidement dans mon salon. Juste après lui survint un autre ! Et après lui encore un autre, et un autre, et encore... Jusqu'à ce que six de ces animaux se mettent à tourner dans mon salon comme des fous !

Il jeta un coup d'œil puis sembla se pétrifier avec ses mains sur ses yeux comme pour effacer cette irréalité. De temps en temps, il jetait un oeil, mais cela continuait. Je suppose qu'il se demandait pourquoi je mourais de rire. Il n'avait pas vu le film. Ce n'était pas drôle pour lui, mais alors pas du tout. Eh bien, je les ai tous attrapés, quatre dans le salon et deux dans le garde-manger. Je les ai attrapés seul et sans aide. Il était toujours incapable de bouger. « Ce n'est pas une chose à faire à un ivrogne ! », dit-il. Je crois qu'il pense encore que j'avais préparé ce coup de théâtre. Un des copains a dit qu'il pensait que c'était le Gars d'En-Haut qui l'avait organisé. Quoi qu'il en soit, il semble que nous avons un assez bon homme maintenant.

J. C. H.
Ferguson, Missouri

QUI ? MOI ?
Septembre 1949

D eux d'entre nous répondaient à un appel de Douzième Étape. Nous avons sonné et la porte s'est ouverte sur un homme à l'air désolé, qui nous regardait avec des yeux injectés de sang, cerclés de rouge. Il était extrêmement nerveux, mais très poli. Nous avons dit que nous étions des AA et il nous a invités à entrer, mais il transpirait sans cesse, alors même que la soirée était plutôt fraîche. Nous avons pensé que ce mec était prêt à se décider pour à peu près n'importe quoi.

Imaginez notre surprise quand, dès que nous nous sommes assis dans le salon, notre hôte à l'air de chien battu nous a dit : « Bien sûr, vous savez, je n'ai pas appelé les AA pour moi ! » (Mon Dieu, non !) « C'est pour mon... euh... mon... oncle ! » Joe et moi nous sommes regardés, mais avons répondu que oui, bien sûr, ton oncle ! »

Donc, pendant deux heures nous avons parlé du « pauvre oncle Louie ». Pendant ce temps, notre hôte s'est excusé trois fois pour aller à l'arrière de la maison, d'où il revenait sentant le whisky et le marc de café. Pauvre « oncle Louie » !

Comme nous partions, mon pote Joey s'est tourné vers notre nouvel ami, lui disant qu'il avait entendu une histoire assez bonne cet après-midi-là.

« Apparemment, ce type s'est présenté au cabinet d'un psychiatre », a raconté Joe. « Il avait deux tranches de bacon croustillantes qui sortaient de sous son chapeau. Une de chaque côté, comme des favoris élaborés. Une fois assis à côté du bureau du médecin, il ôta son chapeau et là, pile au milieu sa tête, il y avait un bel œuf frit. Le psychiatre fit semblant de ne rien remarquer et demanda : « Qu'est-ce que je peux faire pour vous ? » Sur quoi l'homme à l'œuf et au lard répondit : « Oh non, docteur, pas moi ! Je suis venu parler de mon frère ! »

Alors Joe et moi avons dit : « Bonne nuit ! »

ANONYME

CHAPITRE SIX

FÉVRIER 1965

« *Harry, veux-tu ajouter quelque chose à la discussion ?* »

VIVRE ET APPRENDRE

Les leçons apprises de mon parrain, en réunions et dans la vie

« Ne buvez pas et allez aux réunions. » « Gardez-ça simple », (avec ou non le mot « idiot ») « L'important d'abord ». Ces évidences sont à la portée de tous les membres des AA, anciens comme nouveaux. On les voit souvent affichées dans les salles de réunion. Elles sont d'une efficacité sans pareille. Mais il existe d'autres pépites de sagesse que l'on ne trouve ni dans les livres ni dans les slogans, par exemple : « Quand je buvais, je craignais de rester en-deçà de mon potentiel. Devenu abstinent, je crains de peut-être l'atteindre. » Ces pépites figurent dans l'histoire « Réunions, réunions, réunions ». Puis vient la déclaration d'un parrain relatée dans une lettre à Grapevine : « Tout le monde m'aime ». Invité à s'expliquer, le parrain précise : « Personne ne m'a fait de déclaration de désamour ». Dans ce chapitre, quelques membres des AA partagent les moments d'inspiration et de découverte qui les ont aidés à grandir.

C'EST UN MIRACLE !

Septembre 2010

« C ela ne s'invente pas ! » Ces mots et une image de Snoopy habillé en fin limier se trouvaient imprimés sur une carte d'affaires que m'a remise récemment un vieil homme lors de ma réunion du matin. La citation articule parfaitement pourquoi j'écris cette anecdote. Car j'ai beau m'efforcer de peaufiner un scénario, d'étoffer des personnages pour les plonger dans des situations embarrassantes, rien ne vaut la vie vécue. Faut croire que Dieu est meilleur conteur que moi.

J'avais un peu plus de 30 ans quand j'ai finalement décidé de prendre ma vie en main. Après une scène particulièrement horrible la veille au soir, mon petit ami et moi-même nous sommes finalement avoués que la fête était finie. Il était temps d'arrêter de boire.

Je me souviens très bien de notre première réunion des AA. C'était un vendredi soir vers 20 heures, à l'heure où, d'habitude, nous errions dans Manhattan, complètement ivres à l'issue d'un joyeux cinq à sept et ne sachant encore où aller ensuite. Au lieu de cela, nous marchions dans Park Slope à Brooklyn, en essayant de finir la soirée avec le moins de ressentiment possible. De l'intérieur d'une l'église nous parvint un tonnerre d'applaudissements. Mon petit ami me regarda, soulagé de ne plus ressasser cet apitoiement qui nous lassait et dit : « Ce doit être un concert gratuit. Allons voir ce qui se passe ». Nous avons donc franchi la porte et sommes tombés en pleine réunion d'anniversaire des AA.

À ce moment-là, je n'étais pas tout à fait sûre d'être une alcoolique, mais j'étais prête à en savoir plus, et cela a suffi. La prochaine réunion à laquelle j'ai assisté, je m'y suis rendue seule.

En marchant, j'ai commencé à parler à Dieu. Pas à haute voix, mais dans ma tête. J'en étais à négocier, questionner et tester. L'expérience fortuite de ma première réunion des AA ne m'avait pas convaincue. Il me fallait un signe quelconque que fréquenter les AA me mettrait sur la bonne voie. Dès que cette pensée m'effleura, mon œil aperçut par terre un billet d'un dollar. Joli travail, Dieu, ai-je pensé en le ramassant. Pas mal. Mais peut-être pourriez-vous me montrer un autre signe ? Quelque chose de plus évident ?

À ce moment précis, j'ai entendu un cri de femme de l'autre côté de la rue. « C'est un miracle ! », s'exclamait-elle. Formidable ! Oui, voilà ce que je veux dire, Dieu ! Curieuse, je me suis dirigée vers elle. Elle me tournait le dos. Posant ma main sur son épaule, je lui ai demandé ce qu'elle entendait par miracle, car elle semblait se parler à elle-même. Elle m'adressa un joyeux sourire. « C'est mon chiot », dit-elle, me montrant une petite boule de fourrure noire. « Il l'a finalement fait ! Il a attendu d'être dehors pour faire ses besoins ! »

« Oh », ai-je répondu. Je suppose que j'avais l'air triste ou déçue, parce que tout à coup son regard s'adoucit et elle mit sa main sur mon épaule.

« Je pense que l'endroit que vous cherchez se trouve sur le trottoir d'en face ». J'ai suivi son regard et j'ai vu une haute cathédrale avec, debout à l'extérieur, des gens qui fumaient.

« Je pense que vous avez raison », ai-je dit.

« Et c'est un miracle », ajouta-t-elle.

Je souris et dis : « Je l'espère ».

Et c'était bien un miracle.

MOIRA L.
Norwalk, Connecticut

VIVE LA MAUVIETTE
Novembre 2007

J'ai lu récemment que les alcooliques qui ne peuvent pas ou ne veulent pas arrêter de boire devraient adopter des pratiques qui réduisent les dégâts qu'ils peuvent causer et, par exemple, donner leurs clés de voiture à un ami avant de boire.

C'est une bonne idée, et je serais heureux de garder les clés de voiture de toute personne qui envisage de se saouler. Mais je préfère plutôt préconiser la prévention des risques que j'ai trouvée dans le programme des AA. Plutôt que réduire les dégâts, je veux les éviter complètement, si possible.

J'ai appris à éviter de nuire il y a 21 ans, après avoir subi un test psychologique de routine. Le psychologue m'a dit que j'avais un niveau très élevé de prévention des dommages, un terme nouveau pour moi. Il estimait que je n'étais pas le genre de type à faire de la chute libre ou des courses de moto, sans oublier d'autres activités dangereuses. Après ce diagnostic, je me sentis triste et peu viril. Dans mes fantasmes, je me voyais en John Wayne partant à l'assaut d'une plage occupée par l'ennemi ou en Gary Cooper dans un duel au pistolet contre des méchants dans « High Noon ». Évidemment, ma place n'était pas parmi ces héros. Comme je l'ai confié à un ami : « J'ai vécu jusqu'à 60 ans, seulement pour apprendre que je suis une mauviette ».

Mon ami voyait les choses différemment. « C'est peut-être ce qui t'a permis de vivre jusqu'à 60 ans ! », dit-il.

Maigre consolation. J'ai trouvé plus réconfortant de me dire qu'un vif désir d'éviter les dégâts m'a sans doute aidé à rester dans le mouvement des AA pendant toutes ces années. Sous l'effet de la boisson, j'avais parfois agi avec une témérité qui me faisait frémir une fois redevenu abstinent.

Ces types d'actions vont de pair avec l'alcool, mais abstinent, j'ai toujours fait preuve d'attention et de prudence. Je ne peux même pas observer des parachutistes ni aller à une course de moto en spectateur, et encore moins en participant. (Après tout, les motos peuvent devenir incontrôlables et foncer sur vous par-dessus la barrière !)

Donc, pour rester complètement abstinent, il fallait aussi éviter les terribles risques qui semblaient accompagner l'alcool. Un exemple : la dernière fois que j'ai essayé de frapper un policier remonte à plus de 60 ans, et j'espère vivre encore 50 ans sans retenter la chose.

Âgé à présent de 82 ans, j'ai ajouté 21 années à l'abstinence que j'avais quand j'ai découvert que j'étais une poule mouillée qui évite les dégâts. J'essayerai encore de réduire les dégâts que peuvent causer ceux qui boivent encore, même s'il est risqué de prendre les clés de voiture d'un ivrogne. Mais je pose également la question : « Pourquoi risquer de causer des dégâts si on peut les éviter en restant abstinent ? »

Heureusement, bien qu'on me prenne pour une mauviette, je peux garder mes fantasmes. Parce que j'ai ma propre copie de « High Noon ».

MEL B.
Toledo, Ohio

RÉUNIONS, RÉUNIONS, RÉUNIONS
Octobre 1981

S.H. de Hilton Head Island, en Caroline du Sud, raconte l'histoire d'un client d'un hôtel local qui voulait assister à une réunion. Ayant trouvé le numéro des AA sur le tableau d'affichage, il appela pour qu'on le renseigne sur les heures et les adresses.

Une réceptionniste débutante était au service d'accueil. Elle consulta les informations à sa disposition sur les réunions des AA, et lui fit cette réponse : « Je suis désolée, monsieur. La réunion qui a généralement lieu à l'église presbytérienne a été fermée, mais celle du dimanche soir à l'église épiscopale sera ouverte ».

Heureusement, le visiteur faisait partie du Mouvement depuis suffisamment longtemps pour comprendre et évaluer la confusion de la jeune fille. Il put lui expliquer la différence entre réunions ouvertes et fermées. Et ce soir-là, il arriva à la réunion avec une histoire amusante : selon le service d'accueil téléphonique, la réunion était fermée.

Et T. M. de Grand Rapids au Michigan, recueille des perles glanées en réunions locales :

« Quand je buvais, je craignais de rester en-deçà de mon potentiel.

Devenu abstinent, je crains de peut-être y parvenir »

« Je n'aime pas parler de ce que je faisais quand j'étais ivre pour la raison suivante : je ne veux pas répéter des ragots ».

« Ce que mes problèmes ont de pire, c'est de m'appartenir ».

« Je suis de plus en plus reconnaissant pour les choses dont j'avais l'habitude d'être fier ».

« La meilleure façon d'apprécier les AA c'est de le faire comme lorsqu'on apprécie un vitrail : le regarder de l'intérieur ».

FAIRE LA CULBUTE
Mars 2003

L'eau scintillait dans le soleil comme un million d'antiques miroirs. Mon ami Harry et moi glissions à la surface, ravis par les perles d'écume et les effluves de la brise. Nous naviguions sur le Sunfish de Harry dans le golfe de Californie, et c'était ma première sortie en haute mer. Malgré la magie de l'instant, je commençais à redouter un naufrage. Après tout, le bateau était assez petit et la baie aussi vaste que la mer. Nous n'étions que des taches minuscules. Plus j'y pensais, plus cela m'inquiétait. Le rivage ne fut plus qu'une mince ligne. J'ai demandé d'un ton de voix que j'espérais nonchalant (mais Harry me connaît bien) : « Que se passerait-il si nous perdions le contrôle et coulions à pic ? » Harry me rassura, disant qu'il n'y avait rien à craindre. S'il venait à perdre le contrôle, expliqua-t-il, il laisserait tout partir. Et à ce moment précis, nous sommes passés par dessus bord ! L'eau chaude nous enveloppa, et nous flottions à la surface en riant. Ce fut une réelle leçon d'abandon et de lâcher prise !

DIANA S.
Tucson, Arizona

EMPRUNTER LA FILE RAPIDE
Mai 2009

S i vous êtes dans la file des moins de 10 articles au super-
marché, que la personne devant vous a plus de 10 articles et
que cela ne vous dérange pas, c'est de l'acceptation. Si vous
ne comptez plus le nombre d'articles que la personne devant vous a
achetés, c'est de la sérénité.

PAUL K.
Beverly, Massachusetts

⟨TOUT LE MONDE M'AIME⟩
(extrait de Dear Grapevine)
Septembre 2006

L a lettre « Little Measures » dans le courrier des lecteurs de juin
2006 m'a fait réfléchir à des remarques que mon parrain m'a
aidé à comprendre.

Il a dit : « Tout le monde m'aime ». Quand j'ai fini de rire, juste
après avoir constaté qu'il ne riait pas, je lui ai demandé comment il
pouvait déclarer une chose pareille.

Il répondit : « Personne ne m'a fait de déclaration de désamour ».

J'étais nouveau et pensais que cela frisait l'étrange, mais cela
m'est resté en tête. Je voulais ce que mon parrain possédait : il était
heureux, joyeux et libre. Il m'a dit que, pour avoir ce qu'il possédait,
il fallait que je fasse ce qu'il avait fait pour l'obtenir. J'ai donc décidé
à mon tour que tout le monde m'aimait.

La transformation a été incroyable. Puisque tout le monde
m'aimait, je les traitais tous beaucoup mieux : patron, collègues,
employés, caissières, chauffeurs de bus, amis AA, chaque personne.

Je les traitais tous avec amour. Ils me traitaient mieux en retour, et je sais quel bien cela me faisait.

Aujourd'hui, je sais que tout le monde m'aime, et je fonde cette conviction sur le fait que personne ne m'a fait de déclaration de désamour.

MARK E.
Lansing, Michigan

LEÇON DU JOUR
(extrait de Dear Grapevine)
Mars 2010

Souvent, ma Puissance supérieure me rappelle, gentiment et avec humour, quand je m'écarte du chemin. Elle me parle à travers d'autres personnes.

Le premier jour de la reprise des classes après le Nouvel An, je donnais une première session de tutorat d'après cours à un élève de 13 ans. Quand je lui ai demandé comment s'était passé son premier jour, il a déploré le fait que ses deux semaines de vacances se soient si vite écoulées. Pour lui remonter le moral, j'ai expliqué que, si deux semaines avaient défilé rapidement, les 10 semaines jusqu'au congé de mars passeraient en coup de vent. Tout souriant, mon élève a ajouté : « Sans crier gare, les vacances d'été seront là ! »

J'ai compris que je l'avais réconforté. Puis, son visage s'est assombri et il a murmuré : « Bon Dieu, avant de m'en apercevoir, je serai mort ! » Je suis heureuse de dire que nous avons eu tous deux une excellente session de deux heures d'apprentissage et de plaisir. Cela m'a rappelé à quel point, vécue au jour le jour dans l'abstinence, la vie est belle.

VICTORIA M.
Toronto, Ontario

CONCIS ET AMICAL
(extrait de Dear Grapevine)
Décembre 2009

L'auteur de « Concis et amical » (« Dear Grapevine », septembre 2009) préfère les histoires courtes. Pensez-vous que cette histoire vécue (la mienne) serait un exemple approprié ?

« Chétif, maladroit et inepte, j'ai été jeté, le cœur terrifié, dans la voie rapide de l'artère principale de la vie. Vacillant, cafouillant et titubant, j'ai suivi mon chemin dans les dédales de ma génération, en évitant la plupart des défis et en ratant presque tout le reste. L'alcool et le phénobarbital sont devenus mes refuges, mes sanctuaires et mes Judas. Maintenant, je vis ma 46e année d'abstinence chez les AA, plein de gratitude pour la prière et la Providence. Je cultive mes pensées et recense mes convictions avec une certaine satisfaction, baignant dans l'attention aimante de ma compagne de vie et de notre bande de descendants admiratifs. Contre les politiciens au regard sournois, je manifeste autant que faire se peut ».

RAY C.
Mill Valley, Californie

IMAGE CROASSANTE
(extrait de Dear Grapevine)
Décembre 2008

L'image de la grenouille (« Demi-mesure », août 2008) illustre ce que Lowell B., abstinent depuis 1967, m'a une fois raconté. Au début de mon abstinence, une chose maintenant oubliée depuis longtemps m'angoissait.

J'ai demandé à Lowell : « Que fais-tu dans ces cas-là ? » Il m'a conseillé : « Tu t'accroches » J'ai rétorqué : « Pour quoi faire ? » Il a répondu : « Probablement pour rien, mais quelle poigne tu auras ! »

À l'époque, c'était l'idée la plus stupide que j'avais jamais entendu proférer par un homme instruit, mais cette idée m'accompagne tous les jours depuis plus de 35 ans. Votre image m'a transporté à nouveau avec bonheur vers cette journée vécue dans le bureau de Lowell.

JIM W.
Redington Beach, Floride

PAUVRE KEN

(extrait de Dear Grapevine)
Août 1986

Récemment on m'a demandé de présider une réunion de discussion le midi. J'ai accepté malgré quelques symptômes d'un rhume déplaisant qu'il m'aurait été plus facile de supporter en restant dans la dernière rangée sans fatiguer mes cordes vocales. Quand je me suis présenté, j'ai fait état de mon état physique misérable pour écourter mon discours. La réponse a été immédiate : « Oh, pauvre Ken ! » Cette expression inattendue de sympathie m'a inspiré. Levant les bras comme un chef d'orchestre j'ai demandé à entendre de nouveau ces précieux mots. À mon signal, j'ai reçu un tonitruant « Oh, pauvre Ken ! » J'ai adoré et les participants de même. Voilà qui démontre combien il est facile de s'apitoyer sur soi-même et avec quelle efficacité nos amis AA peuvent, avec humour, nous tirer de ce travers.

K. E.
Rumford, Rhode Island

ENTENDU À UNE RÉUNION :

« LES ALCOOLIQUES SONT LES SEULES PERSONNES AU MONDE QUI RÉCLAMENT UN PRIX PULITZER POUR AVOIR ÉCRIT UN CHÈQUE ! »
ED L., WRIGHTWOOD, CALIFORNIE, NOVEMBRE 2008

CHAPITRE SEPT

NOVEMBRE 1963

« ... et il n'a pas échappé la dinde ni répandu la sauce et tout le monde était content. C'est la meilleure Fête d'Action de Grâces que nous ayons jamais eue ! »

DES NUITS PAS SI DOUCES

Les aventures et catastrophes, avant et après l'abstinence, pendant les Fêtes

Les Fêtes peuvent être des moments de grande joie, quand famille et amis se retrouvent autour d'un bon repas (sans alcool). Pour ceux qui professent une foi particulière, ces jours de Fêtes ont beaucoup de sens. Mais pour les AA sans famille ni amis, ces événements annuels peuvent être durs à vivre. Dans « Les allergiques à Noël », un Scrooge* converti décide de partager un déjeuner de Noël avec plusieurs autres qui envisageaient d'ignorer complètement la Fête. Réflexion de ce Scrooge : « Passer un 25 décembre sans joie n'a maintenant pour moi pas plus de sens que de me réveiller et de passer, dans une mauvaise humeur délibérée, n'importe quel autre jour de l'année ». Dans « Les Fêtes, c'est nul », un grincheux en voie de rétablissement écrit à propos de la Fête de l'Action de Grâces : « Aujourd'hui, je veux exprimer ma gratitude pour une abstinence dans l'ensemble sereine. Chaque jour devient vraiment férié quand on adopte la bonne attitude spirituelle ». Les histoires des pages qui suivent parlent de faire la fête et de survivre aux Fêtes, avant comme après avoir arrêté de boire.

(*) Personnage d'un conte de Dickens

LES ALLERGIQUES À NOËL
Décembre 1963

«La Fête que je redoute vraiment, déclarait un Récemment Divorcé, c'est Noël ». « Tu redoutes Noël ?» rétorque un Nouvel Abstinent. Qu'en est-il de la veille du Nouvel An ? »

Cette conversation ayant lieu en août, on peut sérieusement se demander s'il ne s'agissait pas d'un léger cas d'anxiété déplacée. Mais pour le vrai allergique à Noël, le temps n'importe pas. Je sais. C'était jadis mon cas.

Certes, je ne commençais à fulminer que le lundi après la Fête de l'Action de Grâces quand, sur les panneaux publicitaires, les Pères Noël remplaçaient les dindes partout dans New York. Et les couronnes, les grelots, et les sapins. Finis le jaune et le brun, place au rouge et vert. En ce qui me concerne, l'allergie commençait. Avec « C'est tellement commercial ! » comme première critique. Puis venait : « Dégoûtant et commercial ! » Généralement un poste de radio ou de TV diffusait en arrière-plan une pub et des airs gais : « Plus que X nombre de jours de shopping avant Noël », ce qui illustrait mes propos. « Écoutez ça », disais-je. « Mais écoutez donc ».

Bien sûr, je n'étais pas le seul. De nombreuses voix s'élevaient pour protester, et le font encore. « C'est tellement commercial ! » crient ces voix partout dans le pays alors qu'on se penche sur des catalogues pour décider quoi acheter, qu'on feuillette des annonces pour décider quoi commander, ou qu'on se laisse envahir par le fracas et le non-sens débridé de tout ce qu'il est convenu d'appeler les achats de Noël.

Peut-être certains inconditionnels parviennent-ils à éviter tout cela. Ceux-là ne demandent ni ne donnent. Ils laissent passer le 25 décembre. (J'ai entendu une dame, pas vraiment inconditionnelle, qui a acheté et envoyé ses cadeaux en juillet avec un « Ne pas ouvrir avant Noël » écrit clairement sur l'emballage pour éviter l'hystérie des Fêtes).

Mais la plupart des allergiques à Noël ne sont pas aussi bien organisés. Ma propre rébellion consistait à repousser les échéances et à faire du shopping trop tard plutôt que trop tôt. Cela me permettait d'éviter le pire de la ruée, mais aussi de rater les meilleures occasions que je voulais acheter. Ne rien emballer avant de prendre un taxi, si je trouvais un taxi, puis envelopper le tout dans du papier froissé avec un bout de ruban adhésif. Me plaindre auprès de certains membres de la famille d'avoir à subir d'autres membres de la famille. Arriver en retard au dîner de Noël, tarder à ouvrir mes cadeaux et redouter le moment du déballage, par les autres, des cadeaux bizarres que je leur offrais. (Pourtant, dans mon enfance, mes cadeaux, je les avais faits à la main, emballés minutieusement, et surveillés toute la nuit. Qu'était-il arrivé pour que ces traditions me paraissent si mornes maintenant ?)

Je ne pouvais pas attribuer tout cela à mes jours de consommation, même si la dernière Fête avant mon arrivée chez les AA avait certainement été le Noël le plus morne. Mes mains tremblaient tellement que je ne pouvais pas ouvrir la montagne de colis préparés pour moi. Le dîner de Noël avait été un calvaire sans fin. L'année suivante, très nouveau chez les AA, je me souviens avoir entendu que les Fêtes étaient une période difficile pour nous, ce qui est peut-être vrai au début, chargées comme elles sont d'anciennes associations et obligations ou, peut-être, d'une nouvelle solitude. Donc, je me suis armé pour la « période difficile », m'en approchant avec tous mes encouragements AA, mes numéros de téléphone, et mes slogans, ce qui alors était une bonne idée. Mais l'humeur militante a persisté durant les années suivantes.

Et puis, tout à coup, tout a changé. En une courte année, la famille qui semblait aussi immobile que le roc de Manhattan s'est dispersée. Une branche a déménagé à Hawaï, une autre dans le Vermont, une troisième décida simplement de sortir de la ville pour les Fêtes. Noël est devenu un terrain vierge, juste 24 heures, dont je pouvais faire ce que je voulais. Aller ou pas chez des amis, à l'église, ou au cinéma, c'était à moi de décider. J'ai poussé un soupir de soulagement, qui s'est transformé en soupir étrangement vide. Puis j'ai adopté un comportement très particulier. Ce n'était ni prévu, ni anticipé, ni délibéré. Un instinct, une impulsion, une spontanéité a refait surface. Un moteur qui sommeillait depuis l'enfance se relança et se mit à tousser un peu, à souffler une ou deux fois, et finalement à redémarrer. Un bourdonnement remplit un espace de silence.

Le premier signe de renouveau se manifesta deux semaines avant Noël. Assis avec un ami membre des AA dans mon appartement, je lui dis : « Écoute, je n'ai pas eu d'arbre de Noël depuis des lustres. Allons en chercher un ». Nous nous sommes précipités dehors et nous avons évalué, sélectionné et marchandé avec les « vendeurs d'arbres » sur le trottoir. Nous avons évalué, sélectionné et marchandé à nouveau les ornements. Serait-ce mieux avec de la neige ou pas ? Serait-ce plus amusant avec des lumières ? « Amusant » est sans doute ici le mot clé. Cet arbre, c'était peut-être pour le plaisir. Quoi qu'il en soit, nous avons ramené nos achats dans l'appartement et invité des voisins, puis un autre ami membre des AA. Bientôt des tas de gens ont envahi l'appartement décidant, à propos de l'étoile au sommet, que c'était quelconque, puis que c'était très bien.

L'arbre une fois installé dans toute sa splendeur, une autre idée a surgi. J'avais deux amis membres des AA qui avaient, concernant les Fêtes, des réticences aussi solidement ancrées que les miennes. C'étaient des allergiques à Noël invétérés de la vieille école. L'une

---

À COURT DE MOTS :

Q : « POURQUOI N'ALLUMONS-NOUS
    PAS LES BOUGIES DE HANOUKKA
    EN UNE FOIS LE PREMIER JOUR ? »
R : « LE MIRACLE EST ARRIVÉ UN JOUR
    À LA FOIS ! »
JERRY C., DÉCEMBRE 2010

devait se rendre à une affaire de famille dans l'après-midi. L'autre, entêté dans ses convictions, n'avait rien à faire. Je les ai appelés tous les deux. « Je sais combien nous sommes allergiques à tout, entamai-je, et combien nous détestons le sentimentalisme faux et tout le reste, mais j'ai un plan. Peut-être que si, à nous trois seulement, nous faisions quelque chose le jour de Noël, ce serait amusant. Que diriez-vous d'un déjeuner chez moi ? » « Parfait », déclara Affaire-de-famille. « Cela va me donner la force d'affronter tout le reste ». Rien-à-faire était plus prudent : « Eh bien », dit-il, « je suppose que si c'est entre nous, tout ira bien ». Ainsi se prit la décision.

Dans la mesure où nous étions tous ouvertement contre tout, la question des cadeaux n'a même pas été posée. Donc, quand surgit ma deuxième inspiration, je n'ai rien fait pour la combattre. « Je n'ai jamais dit que je ne le ferais pas », me suis-je dit, et j'ai plongé dans les profondeurs du magasin 5-10-15, à la recherche des blagues, bricoles et bibelots qui rempliraient deux chaussons de Noël. Une fois revenu à la maison, j'avais plus qu'assez d'achats pour remplir les chaussons en maille rouge que le 5-10-15 distribue, mais je me suis souvenu d'une paire de collants rouge que quelqu'un m'avait offerts l'année précédente (mauvaise taille, non rendus) et j'ai rempli les deux jambes, en les étiquetant « Lui « et « Elle ». Puis je les ai mis sous l'arbre, en riant aux éclats. Mais quand, le matin de Noël, je suis entré à moitié endormi dans le salon pour préparer le petit déjeuner et quand j'ai vu l'arbre, les décorations et les « chaussons », l'effet de l'ensemble me prit de court. Et s'ils ne trouvaient pas ça amusant ? Si Affaire-de-famille se mettait à déprimer encore plus ? Si Rien-à-faire s'offusquait ? La sonnette a retenti. Il était un peu tard pour s'inquiéter.

Ils étaient là : Affaire-de-famille, un peu à l'avant-plan et tenant fermement des deux mains un paquet carré, prit, évidemment, la parole en premier. « Je sais combien nous sommes allergiques à tout, commença-t-elle, mais, de passage à la quincaillerie, je me suis souvenue que tu avais besoin de ces bricoles et que tu ne pensais jamais à aller les chercher ». Elle me remit le paquet. « Ce n'est pas sentimental, ajouta-t-elle vivement, ce sont des filtres à café ». Rien-à-faire fut plus laconique. « Tiens », me dit-il en me tendant une petite peinture à l'huile représentant de lumineuses fleurs de printemps, un tableau qu'il avait peint et encadré lui-même. Artiste professionnel, il me faisait là un cadeau royal. Pendant un affreux moment, j'ai senti mes yeux se remplir de larmes, mais, heureusement, tous deux se sont mis à admirer mes ornements de Noël dans le salon. Un instant stupéfaits et incrédules, ils éclatèrent de rire. Le petit déjeuner a été l'un des événements sociaux les plus réussis de cette saison.

Cette année-là, ce que tous les trois nous avons retrouvé (le moteur qui s'est remis à ronronner de nouveau) c'était, bien sûr, le tant décrié facteur X, l'esprit de Noël. Je n'ai pas élucidé ça par moi-même. Une autre amie membre des AA à qui j'ai décrit notre étrange célébration, me l'a expliquée ainsi.

« Ce n'était pas étrange, a-t-elle dit, l'affaire a marché parce qu'elle était spontanée. C'est sa spontanéité qui a fait du déjeuner une réussite. On n'a obligé personne à faire quoi que ce soit. Vous n'aviez pas d'idées préconçues. Tout le monde a fait ce qui lui est venu naturellement à l'esprit ».

Si la joie se dérobe à celui qui fait du bruit et au boute-en-train de votre réception ordinaire, la vraie joie, hélas, reste également à bonne distance de celui qui boude, de celui qui se traîne les pieds et du pessimiste. Je me dis à présent que passer un 25 décembre sans joie n'a pour moi pas plus de sens que de me réveiller et de passer, dans une mauvaise humeur délibérée, n'importe quel autre jour de l'année. Noël contient la même promesse qu'un jour de printemps impeccable. Et cela vaut pour le réveillon du Nouvel An, la fête du Travail, le 4 juillet, votre anniversaire de mariage, mon anniversaire. Vous ne savez jamais avant d'aller à sa rencontre ce qu'un jour donné vous réserve, mais la façon d'aller à sa rencontre fait sûrement une différence. Comme nous le savons tous d'expérience, un changement d'attitude peut avoir des effets plus radicaux qu'un changement de circonstances externes.

Ainsi donc, cher Récemment Divorcé et cher Nouvel Abstinent, bien que je sache combien tous nous sommes allergiques à tout, même les meilleurs d'entre nous à certains moments (et ce sont bien là des « moments difficiles » pour nous), nous cultivons aussi la joie de vivre, sinon nous ne serions pas ici, nous n'aurions pas commencé à lire ce magazine, nous ne saurions même pas qu'il existe. L'esprit de Noël est juste une autre manifestation de cette joie. Alors, pourquoi le combattre ? Lâchons prise et vive le Père Noël !

Aux autres membres qui galopent à toute allure vers les Fêtes, les bras tendus pour les embrasser toutes, je dis : « Attendez-moi ! Cette année-je viens aussi ! »

E. M. V.
Quogue, New York

ꝺINDE FROIDE
Novembre 2009

J'ai été nommé comme enseignant dans un très prestigieux internat du Midwest. Je devais enseigner la littérature, orale et écrite, ainsi que la critique écrite, un concours de discours et le débat compétitif. Ma femme et ma petite fille m'accompagnaient, et nous étions prêts à conquérir le monde ! Je me voyais déjà nommé directeur de l'école. Aucun obstacle, aussi grand ou compliqué soit-il, n'allait m'empêcher d'atteindre ce but.

Après les cours, je consacrais de longues heures à préparer les concours avec les élèves. Je les encourageais à choisir un événement et à l'examiner en profondeur afin que, les résultats des concours obtenus (et la victoire !), soient le reflet de leur maîtrise de l'événement. Il nous semblait que nous pouvions devenir une force invincible si nous continuions à travailler dur et à améliorer nos talents de débatteurs.

Ma mission d'enseignant avançait à grands pas vers le succès alors que ma vie de famille commençait à se détériorer en raison de fréquents maux de tête et gueules de bois dus à trop de bière, vodka ou scotch. Je peinais de plus en plus à me rendre à l'école et à couvrir l'odeur d'alcool qui se dégageait de ma respiration et de mes vêtements. Je me mettais des gouttes dans les yeux, mais pas assez pour ressembler à une « personne normale ».

L'automne cédait la place à l'hiver. J'en étais à ma deuxième année dans cette école et nous approchions de l'Action de Grâces, je buvais beaucoup plus, et fonctionner normalement devenait de plus en plus difficile. Le mardi de la semaine de l'Action de Grâces, ma femme m'a appelé de son travail pour me rappeler la liste des ingrédients dont elle avait besoin pour l'Action de Grâces : une dinde, de la salade, des olives, un mélange à farce.

D'abord, je suis allé au magasin d'alcool pour acheter un litre de vodka. Le reste de notre argent, je l'ai ensuite dépensé pour acheter le dîner. De retour à la maison, je savais que ma femme ne rentrerait pas avant une heure ou deux. J'ai donc ouvert la bouteille de vodka, m'en suis versé un demi-verre que j'ai bu avec un peu de jus d'ananas. Alors que je finissais le jus d'ananas, j'ai entendu s'ouvrir la porte d'entrée. Elle rentrait tôt !

Dans ma panique, je savais que je devais rapidement cacher la bouteille de vodka ou nous pouvions faire une croix sur l'Action de Grâces. Regardant autour de moi dans la cuisine et ne voyant aucune cachette potentielle, j'ai repéré la dinde posée dans l'évier. La tenant en main par son col, j'ai introduit la bouteille de vodka dans la carcasse de la volaille. Puis j'ai ouvert le congélateur et placé rapidement la dinde dans le fond tandis que ma femme entrait dans la cuisine.

« Oui, chérie, j'ai fait les courses ... Non, je n'ai pas acheté d'alcool. Je ne sais pas pourquoi tu penses toujours que je bois ».

Elle m'a regardé pendant une longue minute (essayez de le faire, une minute, ça dure longtemps), se retourna, et dit qu'elle allait faire une petite sieste. J'ai bricolé dans la cuisine en attendant qu'elle s'endorme. Ensuite, je me suis mis au lit en veillant à lui tourner le dos. Jusqu'ici, tout allait bien.

Après environ une heure d'attente dans l'obscurité, j'étais certain qu'elle dormait. Je me suis levé en silence, je me suis rendu dans la salle de bain où je me suis lavé les mains et brossé les dents. J'ai éteint la lumière de la salle de bains pour me réaccoutumer à l'obscurité. Convaincu qu'elle dormait encore dans la même position que tout à l'heure, j'ai marché en silence vers la cuisine et, le plus silencieusement possible, j'ai retiré la dinde du congélateur.

Mais pas moyen de récupérer la vodka. En gelant, l'oiseau s'était collé à la bouteille, et la dégager aurait fait trop de bruit. Donc, malin comme je suis, j'ai dévissé le bouchon et bu une gorgée à même l'orifice sud de la dinde. Ahhhhh ! C'est ce que j'aime. Un gorgée de plus, et je dormirai comme un loir. Et hop dans la trappe ! À ce moment-là, le plafonnier de la cuisine s'est allumé. Ma femme était debout à la porte et, les yeux écarquillés, me regardait « boire » notre dinde de l'Action de Grâces.

Elle m'a divorcé en décembre. Il m'a fallu cinq ans pour accepter ce qu'en secret j'avais déjà découvert : pour moi, boire n'est pas une question de choix ! Je bois ; donc je suis. Quand j'ai rejoint les AA, je me suis réconcilié avec ma vérité profonde : devant l'alcool, je suis impuissant. Je ne suis pas obligé de boire aujourd'hui ni tous les jours. Pour rester abstinent, je dois faire quelque chose de radicalement différent. Et cette différence radicale est arrivée en 1981, quand la police m'a emmené dans un centre de traitement.

Mon dernier verre, je l'ai pris il y a 28 ans. En rétrospective, je peux maintenant rire de ma folie, regretter ce que j'ai perdu et faire confiance à ma Puissance supérieure. Celle-là saura mettre devant moi exactement ce que je dois faire aujourd'hui. J'ai des amis, une épouse, trop d'enfants pour en garder la trace et deux chatons. Dans la vie et au travail, nous entretenons de véritables relations humaines. Nous honorons une entité réelle qui prend soin de moi et des miens de la même manière que je me soucie de chacune de mes 12 filles et de mon fils. Et j'ai une pleine maisonnée d'autres personnes qui me ressemblent, qui sourient quand j'arrive et qui partagent avec moi leurs histoires, leur force et leur espoir.

JIM L.
Newton, Kansas

LES FÊTES, C'EST NUL
Novembre 2010

J'ai entendu dire que parmi ceux qui voulaient cesser de boire, certains trouvaient particulièrement difficile de le faire durant les Fêtes. Je n'ai jamais compris cette rumeur. Pourquoi était-il donc difficile de cesser de boire à la Chandeleur, le jour de la Fête du drapeau ou le lendemain de Noël ? En toute honnêteté, ces journées-là avaient pour moi autant d'importance que l'une des vraies Fêtes, telles que l'Action de Grâces, Noël et Pâques. C'étaient juste d'autres occasions où je me sentais obligé de consommer de l'alcool en grande quantité.

Revenu à la réalité, après avoir redécouvert ma Puissance supérieure, Dieu, et le mouvement des AA, je peux maintenant imaginer quelles horreurs ma femme et mes enfants ont dû subir lors de chaque nouveau jour férié. « Ça recommence, et quel niveau d'ivresse papa va-t-il atteindre aujourd'hui ? », devaient-ils se demander. À juste raison. Souvent, je me cachais dans le garage (mon « QG de bataille » où j'échafaudais des stratégies contre l'univers entier, mon ennemi) et je buvais un coup avant même de prendre le volant et d'emmener ma famille chez nos parents pour la fête de Noël. En rétrospective, avec l'état mental apaisé qui est le mien aujourd'hui, ma femme prenait toujours le volant pour rentrer à la maison ; pas pour me faire plaisir, mais plus probablement pour préserver sa vie et celles de ses enfants. Quel culot de sa part de supposer que je ne pouvais pas conduire après avoir bu ma caisse de bière et ma demi-bouteille d'alcool ! Après tout, j'avais 30 ans d'expérience de conduite en état d'ébriété avec une seule contravention qui n'était pas de ma faute. Je m'étais trouvé au mauvais endroit au mauvais moment. En fait, je conduisais mieux ivre que ne le font à jeun la plupart des gens. D'ailleurs, vous n'hésiteriez pas à boire et conduire si vous aviez la parenté qui est la mienne ! Tel était l'état d'esprit fou d'un homme dont la raison cognitive était entièrement soumise à la maladie de l'alcoolisme.

Chaque fois, cette femme exemplaire, dont j'admire encore le courage d'être restée auprès de cet homme pathétique qu'elle ne méritait pas, parvenait à me remettre dans la voiture vers laquelle j'avançais en titubant. Évanoui pendant la plus grande partie du trajet de retour, je me réveillais souvent au milieu de la nuit encore dans la voiture. C'était probablement dû au fait que ma femme en avait plus que marre d'essayer de me réveiller pour rentrer dans la maison.

Pour la plupart des gens, les Fêtes sont un moment idéal de réflexion et de grâce, ponctué par une célébration et un ou deux verres. Avec moi, cela se passait tout autrement. Les Fêtes me rappelaient combien le monde m'avait foutu en l'air et comment vous, les « normaux », vous vous en sortiez à merveille. Plein de mépris et de haine, la reconnaissance était à des années lumière de mes pensées. Tout et tout le monde m'irritaient au plus haut point. Je me souviens distinctement que chaque année, à l'approche de l'Action de Grâces, je ressentais une immense déprime, sachant qu'une autre année était passée et qu'incapable de sortir de mon auto-emprisonnement, j'allais devoir en supporter au moins une de plus.

Mais sans raison précise, le 6 décembre 2006, j'ai confié ma volonté (une qualité qui m'a toujours fait défaut) à Dieu et au mouvement des AA. Presque immédiatement, j'ai commencé à utiliser les outils (en ma possession, pour certains, depuis toujours) que le programme m'a donnés, et j'ai jeté celui dont je m'étais servi toute ma vie : le lever du coude.

Aujourd'hui, quand arrive l'Action de Grâces, je peux choisir l'émotion que la Fête va susciter en moi. Aujourd'hui, je choisis d'être reconnaissant pour une abstinence dans l'ensemble sereine, et parce que je comprends mieux les Fêtes et leur vraie signification. Chaque jour devient vraiment une Fête, quand on adopte la bonne attitude spirituelle.

MATT S.
Buffalo Grove, Illinois

LA RÈGLE 62 À LA RESCOUSSE
Novembre 2001

À ma première fête de l'Action de Grâces dans l'abstinence, je faisais partie du mouvement des AA depuis seulement deux mois. Cette fête-là, mon mari, mes enfants, ma belle-mère et moi-même ne l'oublierons jamais.

Tôt le matin, j'ai fait cuire une dinde assortie des ingrédients traditionnels et d'une tarte à la citrouille pour le dessert. Je trouvais étrange de cuisiner un grand repas sans la bouteille de vin pour m'accompagner et me calmer les nerfs.

La dinde était au four depuis plusieurs heures, quand il devint clair que quelque chose clochait. Les brûleurs du haut dégageaient de la chaleur, mais le fond du four restait froid.

Nous avons fait appel à notre imagination. Mon mari a emmené la dinde chez sa mère pour en finir la cuisson pendant que je continuais avec les casseroles, les petits pains, et la tarte. Tout était brûlé sur le dessus et rien n'était cuit dans le fond.

Quand, tard dans la soirée, nous nous sommes finalement assis pour le repas, nous avons juste avalé la couche du milieu. La règle 62 était venue à la rescousse. La débâcle nous a fait rire, mais tout le monde a reconnu que c'était notre meilleure Action de Grâces. Maman était abstinente.

ROSE K.
Monroe, Louisiane

CHŒUR DÉSACCORDÉ
Décembre 2010

S alut, les gars. Je dois vous raconter la merveilleuse anecdote qui s'est produite quand mon père était à l'hôpital.

Chaque année, dans le groupe où je vais, nous avons un réveillon de Noël. C'est moi qui l'organise d'habitude parce que je l'ai toujours fait et que quelqu'un doit le faire. Cette année, ce fut très difficile parce que j'étais dans la chambre d'hôpital de papa à Birmingham, Alabama, en train d'essayer de planifier ce grand dîner de gala pour 35 à 40 personnes à Cullman, dans l'Alabama. Et vous, les alcooliques en rétablissement depuis une journée ou 40 ans, n'êtes pas un groupe commode, parce que vous n'aimez pas les règles ni l'organisation et ne supportez pas que l'on vous donne des directives. Présentons simplement la chose ainsi : il n'est pas simple de convaincre tout le monde que tous ont eu la même idée.

Quoi qu'il en soit, des gens formidables ont prêté main forte pour décorer la salle, établir des listes et cuire une dinde et du jambon. Ils ont apporté des tonnes de nourriture et Dieu a fait le reste. Ce fut super bien.

Maintenant, vous vous demandez sans doute pourquoi Gloria vous raconte cette anecdote. Il s'agit de mon père. D'habitude, chez les Alcooliques anonymes, l'anonymat prévaut, ce qui signifie que d'habitude je ne divulgue pas que je suis une alcoolique. Je n'ai pas honte de mon état. Je suis reconnaissante d'avoir trouvé ce mode de vie. Le problème est que si l'on me voyait ivre un jour, je voudrais que l'on sache que c'est moi qui ai échoué, pas le mouvement des AA.

Revenons-en à mon histoire. Le dîner était prévu pour le réveillon de Noël. Nous faisons cela parce que beaucoup de nouveaux ont rompu tant d'amarres qu'une réunion des AA est le seul endroit où il leur reste un peu de Noël. Il est donc important qu'ils aient quelque part où aller, qu'ils sachent trouver de l'espoir et recevoir de l'amour, qu'ils voient des gens aller mieux et réparer leurs torts envers leurs familles. Quant à moi, bien sûr, j'allais passer la veille de Noël avec mon père.

Papa m'a appelé et m'a dit : « Cette fête, n'est-ce pas pour ce soir ? » J'ai dit « Oui ». Papa a continué : « Gloria, je veux que tu ailles à cette fête et que tu y restes parce que les AA t'ont sauvé la vie et t'ont redonné à moi, et il est important pour moi que tu sois là pour toi-même et pour les autres ». (Une longue phrase pour quelqu'un qui, à mon avis, ne comprenait pas vraiment pourquoi, après tout ce temps, j'assiste encore à quatre ou cinq réunions par semaine.)

J'ai pleuré toutes les larmes de mon corps, et suis allée au dîner. Tout le monde savait que mon père était très malade. Ils m'ont interrogée sur son rétablissement et m'ont dit qu'ils avaient prié pour lui. Très sympa de leur part. Quoi qu'il en soit, j'ai présidé la réunion et je leur ai dit ce que m'avait dit papa. À la fin, avant de commencer le Notre Père, j'ai demandé si je pouvais appeler papa plus tard pour que nous lui chantions une chanson. Ils ont trouvé l'idée excellente.

J'ai appelé papa et lui ai dit : « Il y a ici un tas de gens qui t'aiment et te souhaitent d'aller mieux. Ils veulent te chanter une chanson ». Il a commencé à rire quand 25 ivrognes, vaincus, mais ayant retrouvé leur place dans la société et relevant à nouveau la tête par la grâce d'un Dieu si miséricordieux, se sont mis à chanter dans mon téléphone à l'intention de papa : « Nous te souhaitons un Joyeux Noël ».

Nous avons chanté, puis applaudi. Et tous se sont mis à crier qu'ils l'aimaient et voulaient qu'il aille mieux et vienne à la réunion de Cullman. Quand j'ai raccroché le téléphone, je pouvais encore entendre son rire.

Je me souviendrai, jusqu'à ma mort, de ce moment vécu avec mon père. Je voulais juste vous dire quel cadeau Dieu m'a fait pour ce Noël.

GLORIA G.
Cullman, Alabama

JE M'APPELLE PÈRE N. ET ...
(Extrait)

Décembre 1980

Concernant notre quatrième Alkathon annuel dans le comté de San Mateo, je n'oublierai jamais comment le Père Noël y a fait son entrée. Il avait mis son costume de fête. Il fumait un cigare, ce qui semblait déplacé pour un Père Noël, mais j'avais vu défiler (à Yale comme en prison) tant de personnages aux réunions des AA que cela ne m'impressionnait pas trop. Quand la secrétaire a demandé si de nouvelles personnes voulaient se présenter, le Père Noël ne dit rien. Mais quand elle a voulu savoir si des visiteurs n'étaient pas de la région, le Père Noël s'est levé et a dit : « Je m'appelle Père N. et je viens du pôle Nord ».

Puis quand elle lui a demandé s'il était alcoolique, il a répondu : « De plus alcooliques que moi, ça ne se trouve pas ». Nous étions morts de rire. Cela m'a fait un bien fou de savoir que le Père Noël se considérait comme l'un des nôtres.

Notre Mouvement des AA s'est développé à pas de géant dans le comté de San Mateo, et l'Alkathon fut une soirée merveilleuse durant les Fêtes, une période souvent pénible pour beaucoup d'alcooliques encore pratiquants et solitaires et pour beaucoup de gens abstinents, qui eux aussi s'isolent.

L. I.
El Granada, Californie

CHAPITRE HUIT

JUILLET 1986

« Quelqu'un a-t-il une annonce à faire ? »

ÇA N'ARRIVE QUE CHEZ LES AA

Des personnages et anecdotes hauts en couleur

L'abstinence peut engendrer des expériences pénibles, étonnantes, et aussi sacrément amusantes. Dans le mouvement des AA, chacun de nous pourrait écrire des tas de livres sur les personnages rencontrés (devenus par la suite des amis), les aventures vécues, et les folles histoires entendues au fil des ans. Dans la plupart des cas, il s'agit d'accepter les choses que l'on ne peut pas changer, comme lorsqu'une membre révèle, bruyamment et avec des détails gênants, l'anonymat d'un membre des AA devant un groupe de ses collègues dans l'histoire « Un transfert, s'il vous plaît ! » Il s'agit aussi de vivre sa vie sans devenir fou, comme l'écrit la femme qui se casse un bras en faisant du patinage dans « Plus vite » : « Je voulais que mon partenaire me tire dans le virage. ... Comme dans un bar, deux tours auraient sans doute suffi. Au troisième, ce fut la catastrophe ». Voici quelques-unes de ces expériences qui n'arrivent nulle part ailleurs que chez les AA.

UNE NUIT INOUBLIABLE
Juin 1998

J'étais célibataire quand je suis devenu abstinent en 1953, et mon parrain avait femme et enfants. Comme il aimait la pêche, il pensait que ce serait une bonne idée si j'achetais un bateau. Mon parrain était un gars très persuasif. Deux ans après l'achat du bateau, John, un vieux dur de la Nouvelle-Écosse que j'avais rencontré chez les AA, m'a demandé de l'emmener au grand derby annuel de pêche au saumon. Comme premier prix, le derby offrait dix mille dollars, une petite fortune à l'époque, surtout pour une paire d'anciens alcooliques.

Mon ami John avait été dans les commandos durant la guerre, et s'était retrouvé plus tard à la prison de Bordeaux, soupçonné d'assassinat. Comment il s'est tiré de ce mauvais pas, je ne l'ai jamais su. Pendant la guerre, j'avais navigué avec de vieux durs aussi peu commodes que John et, avec eux, j'avais beaucoup bu dans de nombreux coins du monde, si bien que John et moi nous entendions bien. Je suis sûr que les gens qui entrent dans notre vie au début de l'abstinence n'y arrivent pas par accident.

Cette petite escapade de pêche allait devenir une sacrée partie de plaisir. John et moi avions prévu pêcher le samedi matin de six heures à midi. Nous avons donc appareillé vers cinq heures le vendredi après-midi et navigué vers une baie située de l'autre côté d'une petite île, juste au large de Vancouver. Le temps était parfait, et la température aussi chaude qu'elle peut l'être vers la fin août dans ces régions. Il nous fallut environ une heure pour arriver dans la baie où nous avons jeté l'ancre. Il faisait encore jour et toute la baie nous appartenait. Après avoir sorti le réchaud et ouvert deux boîtes de ragoût, nous avons préparé six tranches de pain frais et un grand pot de café pour le dîner. Nous nous sentions pleins aux as. Nous nous sommes assis pour admirer les étoiles qui commençaient à apparaitre dans le ciel. Mon bateau s'appelait « Sérénité » et, cette nuit-là, nous étions ravis d'être abstinents et d'avoir les idées claires. C'était comme si nous avions toujours vécu ce genre de vie. La folie furieuse de boire et de grappiller de l'argent pour boire plus encore était si loin derrière nous cette nuit-là qu'il nous semblait que cela nous était arrivé dans une autre vie.

Pendant notre dîner, nous avons vu un grand voilier entrer dans la baie et jeter l'ancre de l'autre côté, à environ 500 mètres. Long de plus de 22 mètres, muni de deux mâts et d'une flèche, c'était un bien beau bateau. Il y avait des lumières partout et, à bord, une fête battait déjà son plein. Une radio diffusait une musique tonitruante, et nous pouvions voir une douzaine de fêtards danser sur le pont. Observant ce groupe bruyant, nous savions que la fête allait durer quelques heures encore. Cela nous était égal ; rien ne pouvait, cette nuit-là, gâcher notre tranquillité.

Nous entendions presque chaque mot prononcé à bord du voilier puisque, sur l'eau, les voix se propagent. Puis, les réjouissances ont commencé. Un petit canot s'est détaché de la rive et s'est approché lentement du plus gros bateau. Quand il est arrivé tout près, nous avons entendu des gens dire : « Hé, voici ce bon vieux Bill. Monte à bord, Bill. Que quelqu'un offre un verre à Bill. Bravo, heureux que tu aies pu venir, Bill ! » Une autre voix a rugi : « Allez, Bill, cul sec, tu dois rattraper ton retard sur le reste du groupe ». Puis la musique a recommencé. Tout le monde semblait chanter à pleins poumons et quelques-uns dansaient une sorte de gigue.

Une heure plus tard, nous avons entendu la musique s'arrêter brusquement. Un mec a dit d'une voix forte : « Bill, espèce de cochon, retire tes pattes des jambes de ma femme ou je te jette par-dessus bord ». Un autre a crié : « Le bougre a fait la même chose il y a une minute avec la femme de Joe, quand Joe était en bas. Je pense qu'il faudrait ligoter ce salaud ». Quelqu'un a ajouté : « Suspendons-le à la vergue. Donnons-lui une leçon qu'il ne sera pas prêt d'oublier ». On s'agitait beaucoup tout à coup sur le pont du voilier. Les gens paraissaient poursuivre quelqu'un, probablement Bill.

Ce bon vieux Bill a saisi une lanterne et l'a lancée vers ses poursuivants. La lanterne à huile s'est écrasée sur le pont déclenchant un début d'incendie. Pendant une minute, ils oublièrent Bill qui en profita pour se jeter sur l'échelle de corde encore accrochée au bastingage. Il était sur le point de réintégrer le canot quand les autres s'en aperçurent.

Du haut du pont, ils se mirent alors à balancer des bouteilles de bière sur Bill. Celui-ci s'efforçait d'esquiver les bouteilles tout en essayant de détacher la corde qui rattachait le canot à l'échelle. Finalement le canot s'est éloigné de l'échelle et Bill a lancé le moteur. Depuis le pont, tout le monde couvrait d'injures le pauvre Bill, qui les invectivait à son tour. Quel terrible fiasco ! Peu à peu, le canot disparut dans l'obscurité. John et moi n'en pouvions plus de rire. Cette scène dépassait les meilleures comédies jamais vues au cinéma, et c'était pour de vrai. Tout ce chambardement provoqué par l'arrivée et le départ soudain de Bill refroidit ce qui avait été une fête animée. Sur le voilier, les gens sont finalement descendus dans les cabines et la baie a retrouvé son calme.

À cinq heures le lendemain matin, John et moi avons avalé une grande omelette au jambon sur du pain grillé, et bu tout le pot de café. À six heures nous avons commencé à pêcher et sommes restés dans la zone jusqu'à midi. Nous sommes passés trois fois près du voilier, mais à bord personne ne bougeait. Le derby s'est achevé vers midi et, sur le voilier, on ne voyait toujours rien ni personne bouger. John et moi savions exactement quel remords devait les ronger tous. Nous n'avions pris aucun poisson, mais nous nous sentions un million de fois mieux qu'eux.

John s'est marié un an plus tard et est resté abstinent pendant deux ans encore. Puis, il s'est passé quelque chose et il s'est saoulé. Un mois plus tard, on l'a retrouvé mort dans un refuge du centre-ville. De temps en temps, je repense à mon vieil ami, et chaque fois mon esprit se remémore cette nuit durant laquelle le bon vieux Bill faillit se retrouver suspendu à la vergue. John et moi avons raconté maintes fois cette histoire en nous esclaffant beaucoup des pitreries de ce soir-là. Quarante ans ont passé, et je pense toujours à l'abstinence que John et moi avons partagée en cette nuit étoilée.

NEWTON B.
White Rock, Colombie-Britannique

PLUS VITE !

(extrait de Dear Grapevine)
Novembre 2007

Durant mon abstinence, j'ai fait des choses passionnantes et aussi des folies, deux comportements très nouveaux pour moi. Avant de trouver les AA, je n'étais pas très fréquentable. Chausser des patins me paraissait une chose nouvelle et amusante à faire. « C'est comme le vélo », me dit quelqu'un alors que je m'élançais en vacillant sur la patinoire. Je me suis dit : le vélo, je connais, et je ne suis pas du genre à abandonner une activité simplement parce que je ne la maitrise pas. Je continuai donc à tourner autour de la patinoire, en m'améliorant à chaque passage. C'était amusant.

Dans la dernière boucle, je me suis laissée emporter. Patiner m'amusait, mais je voulais que mon partenaire me tire dans le virage. Je ne pouvais pas me retenir. J'aimais ça. Je riais tellement qu'il m'a fallu le reste du tour pour reprendre mon souffle. J'y prenais beaucoup de plaisir, mais comme au bar, deux tours auraient probablement suffi. J'ai eu le sentiment qu'un troisième serait de trop, mais cela ne m'a pas arrêtée. Au troisième, ce fut la catastrophe. L'élan était parfait, mais je suis tombée. Et me suis cassé le poignet.

À l'école, mon programme de cours est très chargé et j'ai plusieurs dissertations à rendre. Je suis en train de taper à un quart de ma vitesse de frappe. Aurais-je pu me contenter de patiner comme les autres, ou avais-je vraiment besoin que l'on me tire ? Même lorsque je me rends compte qu'une activité dangereuse peut avoir des conséquences graves, cela ne semble pas m'effleurer l'esprit dans le feu de l'action. Mais je n'oublierai pas de sitôt cette expérience.

MICHELLE C.
Sonora, Californie

SALUT, WADE !
Octobre 2010

C ette histoire est plutôt drôle et montre ce qui peut arriver à notre anonymat. J'ai récemment organisé une soirée, ou une boum, si vous préférez, à laquelle j'ai invité un certain nombre d'amis qui ont eux-mêmes invité d'autres amis. Il s'agissait d'un repas-partage et, durant la soirée, certains de mes amis membres des AA allaient jouer de la musique

Dans la foule se côtoyaient des alcooliques anonymes et aussi des gens « ordinaires » qui ne se connaissaient pas forcément entre eux. Certaines des personnes qui me connaissaient savaient que je fais partie des AA. Beaucoup l'ignoraient, cependant, et un collègue avec qui je parlais me dit avoir remarqué que le punch était non alcoolisé, et que bon nombre des personnes présentes ce soir-là ne buvaient pas d'alcool. « Ces gens semblent très heureux et amicaux », observa-t-il aussi. Le moment paraissait idéal pour lui dire que j'étais membre des Alcooliques anonymes et qu'il en était de même pour la plupart des gens réunis ce soir-là.

Il me demanda alors quels invités faisaient également partie du Mouvement. Je lui expliquai que nos traditions ne permettent pas de révéler l'appartenance aux AA d'une autre personne, mais que je pouvais lui dire que j'en faisais partie. Je lui ai expliqué que le Mouvement des AA avait pour base spirituelle l'anonymat.

Mon ami semblait comprendre. Peu de temps après, l'un des membres des AA est monté sur la scène pour jouer une chanson. Il prit place sur le tabouret et se mit à accorder sa guitare. Au moment d'entamer son morceau, il dit au public : « Salut, je m'appelle Wade ».

La moitié des personnes dans la salle se tourna vers lui et dit à l'unisson : « Salut, Wade ».

Mon ami me regarda et dit : « Maintenant, je crois que je sais ! »

Nous avons échangé un grand sourire. La soirée se poursuivit et devint, pour la plupart d'entre nous, l'une des meilleures vécues dans l'abstinence.

JOE H.
Vancouver, Colombie-Britannique

CONTEURS ANONYMES
Avril 1973

Invité à prendre la parole en réunion des AA, j'ai longtemps hésité à répéter des anecdotes ou des plaisanteries que d'autres avaient racontées, estimant qu'elles appartenaient à leurs narrateurs originaux. Divulguer le répertoire de quelqu'un d'autre avant que son propriétaire ait la chance de le faire lui-même s'apparentait à du vol.

Mais avec le temps, je me suis rendu compte que, chez les AA, le seul plagiat consiste à s'approprier le monologue d'ivrogne d'une autre personne en le présentant comme une expérience personnelle. Une fois partagée en réunion, toute maxime mémorable ou parabole significative appartient à chacun de nous et personne ne peut en revendiquer le droit d'auteur. Tout ce qui peut remonter le moral d'un autre membre, ou préciser sa pensée, ou le réconforter, devient la possession de tous.

Au risque d'entamer la fierté de l'auteur original, cela s'inspire du slogan « Vous ne pouvez revendiquer la paternité d'une œuvre qu'en la donnant ».

L'une des plus drôles descriptions de « ce à quoi nous ressemblions avant » est une histoire que j'ai entendue lors d'une réunion des Al-Anon. Souvent, quand nous décrivons nos propres agissements passés, nous, les alcooliques, ne les reconstituons pas fidèlement, parce que nous n'étions pas vraiment là ; mais un conjoint lucide a, souvent et trop douloureusement, observé toute la scène avec un regard perspicace.

Pour préserver les anonymats, cette épouse, je vais l'appeler « Jane », son mari, victime de l'alcool « V.A. », et les deux autres protagonistes « M. et Mme Ami ». L'histoire se passe en Californie.

Un samedi matin, au cours d'une visite amicale chez M. et Mme Ami, V.A. accepta la fameuse coutume de boire « une bière ou deux ». Rentré à la maison, il annonça que, cet après-midi-là, les deux couples allaient se rendre en voiture à Clear Lake, et que Jane qui, sans raison valable, refusait dorénavant de prendre place dans une voiture conduite par des gens ayant consommé « une bière ou deux », pouvait prendre le volant.

« Pourquoi Clear Lake ? »

« Nos amis ont acheté une propriété dans cette ville et veulent nous la montrer ». « Je vais y réfléchir », déclara Jane. Quelques minutes plus tard, Mme Ami téléphona gaiement. « V.A. nous a dit que tu allais conduire ».

« C'est ce qu'il a dit ? » Jane, qui n'avait pas encore pris sa décision, le fit à ce moment-là. « Très bien, je conduirai et nous prendrons ma voiture. Mais à une condition : qu'il n'y ait aucun commentaire à l'arrière. Quoi que je fasse, je ne veux rien entendre ni de ta part ni de quelqu'un d'autre ».

Quelque peu surprise, Mme Ami acquiesça. « Mais bien sûr, chère amie ». Les deux couples prirent place dans la voiture, les hommes à l'arrière tenant une bouteille afin de mieux supporter l'épreuve du voyage, les deux femmes à l'avant. S'engageant dans la rue, au lieu de tourner à droite, dans la direction des autoroutes qui conduisaient à Clear Lake, 400 kilomètres plus au nord, Jane tourna à gauche, et prit la route qui traversait les montagnes en direction de Santa Cruz, 40 kilomètres plus au sud.

Riant et conversant sur le siège arrière, les hommes n'y firent même pas attention.

Et Mme Ami, intimidée par la mise en garde qu'elle avait acceptée, ne dit rien non plus.

À leur arrivée dans la ville balnéaire de Santa Cruz, Jane se gara devant un motel sur la plage, entra, fit les réservations, et les couples gagnèrent leurs chambres.

V.A. sortit sur le balcon, regarda la vaste étendue de l'océan Pacifique, et déclara : « Bon sang, c'est un sacré grand lac ! » Puis il se retourna, rentra, se coucha sur le lit et dormit le reste de l'après-midi.

Comme le souligna Jane lors de la réunion des Al-Anon : « Pourquoi aurais-je fait 400 kilomètres en voiture ? Il n'a jamais su que nous ne sommes pas allés à Clear Lake ».

L'histoire qui suit a été racontée par l'enseignant qui l'a vécue. Un petit garçon d'environ dix ans nommé Joey présentait de l'embonpoint et arrivait régulièrement en retard à l'école. Son professeur l'avait réprimandé à ce sujet. On avait prévenu sa maman et son papa, et ces derniers avaient abordé le problème avec leur fils. Le directeur en avait parlé en privé avec Joey. Un jour, pourtant, après le début des cours, le professeur regarda par la fenêtre et vit Joey qui trébuchait à travers champs, un lacet délié et la manche du chandail arrachée. Il perdait ses livres et sa chemise flottait dans le vent. Quand Joey, trempé et transpirant, entra dans la classe, l'enseignant lui lança : « Je vois que tu arrives encore en retard ».

« Je sais, M. S. », répondit Joey avec sérieux. « J'y ai pensé ce matin. Peut-être que ni vous, ni ma mère ou mon père, ni le directeur, n'allez aimer ça, mais j'ai décidé que j'y arriverai quand je pourrai ».

Plus d'une fois, quand, dans la routine de la vie, j'ai été confronté à des demandes, des tâches et des obligations m'imposant une date limite que je ne me sentais pas capable de respecter, j'ai repensé à la réponse de Joey : « J'y arriverai quand je pourrai ». Et le sourire qu'elle met sur mes lèvres m'apaise suffisamment pour me permettre de progresser à mon rythme jusqu'à ce que, finalement, j'y arrive.

La troisième anecdote que je veux divulguer, je l'ai consciencieusement gardée pour moi pendant plus d'un an. Elle était si amusante que je ne voulais pas en voler la vedette au conteur original. Apparemment, personne d'autre ne l'a trouvée digne d'être racontée, car je n'ai jamais entendu quelqu'un la répéter.

Cette anecdote s'est passée sur une île du Pacifique Sud au cours de la Seconde Guerre mondiale. L'unité militaire américaine stationnée là avait planté de vastes jardins potagers pour agrémenter son ordinaire. Tout avait bien poussé, sauf les concombres. Les plantes ont grandi et fleuri, mais n'ont jamais produit de concombres. Finalement, le commandant a écrit au ministère de l'Agriculture à Washington pour demander pourquoi les plantes se comportaient comme ça. Un botaniste répondit qu'une seule espèce d'insectes transportait le pollen qui fécondait les fleurs, et qu'aucun de ces insectes ne vivait dans l'île qu'occupaient nos amis. Donc, pas de concombres.

Le commandant appela un jeune soldat, lui remit quelques tampons de coton, et l'envoya faire le travail des insectes. Alors que le soldat distribuait méticuleusement le pollen d'une fleur à l'autre, un haut gradé venu inspecter le poste fit sa tournée avec un groupe d'officiers. Ils s'arrêtèrent pour observer avec étonnement ce soldat qui, un peu embarrassé, continuait sa mission.

Finalement, le haut gradé demanda : « Que diable faites-vous ? » Le soldat expliqua patiemment le cas des fleurs non fertilisées. « Très intéressant ». Après un moment de réflexion, le haut gradé demanda avec sérieux : « Et quand vous avez fait tout cela, que se passe-t-il ? »

« Je ne sais pas, mon commandant, dit le soldat. Cette question, vous devez la poser à Dieu ».

Je suis sûr qu'un botaniste aurait pu répondre au haut gradé, et qu'un biochimiste aurait pu ajouter d'autres détails, et un physicien, encore plus. Mais je suis également sûr que la connaissance humaine de ce qui se passait dans les concombres n'aurait pas suffi et aurait laissé en suspens d'autres questions. Pour moi, tout ce que l'homme n'a pas encore découvert et ce qu'il ne découvrira peut-être jamais en raison de ses propres limitations en tant qu'un des produits de la nature, c'est ce que les gens appellent Dieu. Pour moi, ce jeune soldat avait trouvé la bonne formule.

B. M.
Saratoga, Californie

QUATRE-VINGT-DIX-NEUF ANNÉES D'ABSTINENCE

(extrait de Dear Grapevine)
Août 1998

Il y a des années, à l'occasion de mon quatrième anniversaire chez les AA, un ami qui partage la même date d'abstinence que la mienne est venu nous voir et m'a offert une boîte de bonbons au chocolat. Ma mère, âgée de 85 ans à l'époque, a trouvé les bonbons le lendemain et a mangé plus de la moitié de la boîte. Quand je suis rentré du travail, j'ai constaté que sept des 12 morceaux manquaient et ma mère a dit : « Je les ai mangés ». J'ai dit : « Maman, ignores-tu que j'ai reçu cette boîte en cadeau d'anniversaire pour mes quatre années d'abstinence ? »

Elle a répondu : « Moi, je suis abstinente depuis 85 ans et personne ne m'a jamais offert une boîte de bonbons ». Maman a toujours eu un faible pour les sucreries.

Cet événement s'étant passé en 1979, j'ai donc à présent 18 ans d'abstinence continue. Quant à ma mère, elle vécut jusqu'à l'âge de 98 ans, huit mois et onze jours. Je suppose qu'elle a connu presque 99 ans d'abstinence.

KEN J.
DeKalb, Illinois

ENTENDU À UNE RÉUNION
Mars 2007

Lors d'une réunion des AA, nous lisions à tour de rôle des extraits du Gros Livre. Quand son tour vint, une membre lut : « Et maintenant, à propos de sexe. Beaucoup d'entre nous auraient pu faire mieux dans ce domaine ». La femme (et son mari) se mit à rougir très fort. L'assemblée éclata de rire.

JEFF H.
Pauls Valley, Oklahoma

SEVRAGE MORTEL POUR UNE DINDE
(extrait de Dear Grapevine)
Décembre 1983

Pendant des années, un chasseur avait poursuivi le dindon sauvage. Sans succès. Un jour, il aperçut une dinde qui venait aveuglément à sa rencontre et, sans attendre, il l'abattit.

Le dindon sauvage est un gibier insaisissable, car pourvu d'une vision et d'une ouïe extraordinaires. L'homme croyait donc que l'oiseau était blessé ou malade. Mais un examen approfondi contredit ces deux hypothèses. En préparant l'oiseau, le chasseur s'aperçut qu'il était plein de raisins fermentés. La dinde était ivre !

D. R.
Corning, New York

UN TRANSFERT, PAR PITIÉ !
Juillet 1953

La matinée avait été sereine et le déjeuner avec Les, notre secrétaire, m'avait mis dans une béate satisfaction. Entrant dans le bus pour rentrer au bureau, je saluai une série de visages familiers. Des employés de ma société (secrétaire, directeur des ventes, comptable et chef de production) avaient pris place devant et derrière mon siège. Je répondis à leurs salutations, allumai une cigarette et attendis que le bus démarre.

« Alors ! On fume pour faire voler les mouches, Pat ? »

Je reconnus la voix et le parfum qui s'élevaient à mes côtés. C'était Anne et on pouvait détecter, dans son ton de voix, le trémolo du cognac que jamais l'abstinence n'avait éradiqué. Mal à l'aise, je tentai de l'amadouer en lui offrant une cigarette.

(Anne ne buvait pas, certes. Mais quand la nouveauté avait disparu, de temps à autre elle s'y redonnait à fond pendant une semaine ou plus. Ses envies incontrôlables secouèrent plusieurs membres des AA. Des envies qui, curieusement, n'ébranlaient pas Anne. Pour elle, c'était une démonstration, destinée aux autres, de ce à quoi elle pouvait ressembler quand elle faisait le plein. Et cela faisait taire les critiques qui disaient qu'elle racontait des histoires d'autrui qu'elle arrangeait autrement pour impressionner son auditoire.)

Elle pesta contre le mauvais temps et se plaignit d'un conférencier entendu dans une réunion à laquelle elle avait assisté. Quand le bus se mit en route, le rythme et le ton de sa voix augmentèrent.

« J'ai parlé à un charlatan la nuit dernière. À ton sujet ».

« Vraiment ? », rétorquai-je nerveusement à voix basse, espérant qu'Anne ferait la même chose. Peine perdue. Sa voix augmenta de volume.

« Oh, oui, ce charlatan a dit : « Quoi ! Cet abstinent mal repenti ! Je ne peux tout simplement pas croire qu'il est abstinent ! »

Le contrôleur vérifiait les tickets. J'ai marmonné un tarif dans l'angoisse, alors qu'elle pérorait sans relâche.

« Ouais, j'ai dit au doc que tu n'avais plus rien ingurgité depuis cinq ans et il a dit que c'était un miracle, puisque tu es le plus grand ivrogne de Cape Town et qu'aucun humain ne peut te guérir de ta terrible soif ! »

Je sombrai dans le désespoir alors qu'elle continuait sa tirade. Nous étions comme dans une caverne où la voix d'Anne résonnait dans un silence de tombeau. Jetant un regard rapide au contrôleur qui me rendait la monnaie, je le vis grimacer. Mon imagination me fournit les expressions faciales que devaient arborer les visages de mes chefs. Je n'osais regarder ni devant ni autour de moi. Désespéré, je murmurai doucement :

« Je ne me souviens pas du médecin dont tu parles ».

« C'était à prévoir », a-t-elle crié, « Tu étais toujours ivre mort quand tu l'as consulté ! »

Heureusement, mon arrêt est arrivé. Cramoisi, je m'esquivai et, d'une voix rauque, bredouillai mes adieux en rampant dans le couloir, mes chefs marchant devant moi.

« Oh ! Je n'ai pas encore fini ». Anne regarda autour d'elle, déçue, mais non désarçonnée et lança à mon adresse :

« J'ai dit au charlatan que, comme moi, tu avais rejoint les Alcooliques anonymes ! »

Voilà pourquoi je déjeune au bureau ces jours-ci et relis, à plusieurs reprises, la prière de la sérénité. J'utilise aussi l'entrée arrière de la firme et je le ferai jusqu'à ce que ma blessure se referme.

P.J. O'F.
Cape Town, Afrique du Sud

PARTI EN FUMÉE
Juin 2006

Après 22 mois d'abstinence, je ne suis encore qu'un néophyte en matière de mode de vie des AA. Toutefois je comprends parfaitement notre but en tant que groupe. Nous nous aidons les uns les autres à rétablir notre santé mentale et à grandir émotionnellement, spirituellement, et physiquement en utilisant les outils du programme. J'ai testé récemment un outil bien pratique.

Après une réunion du dimanche matin, je suis rentré chez moi pour ma dose habituelle de football professionnel. J'ai reçu un appel téléphonique m'invitant à une incinération de défauts. J'ai pris note de l'itinéraire, bien que je veuille rester à la maison et regarder trois matchs de football (un seul ne suffit jamais).

Au milieu du deuxième match, je me suis mis à repenser aux commentaires de mon parrain sur les défauts. Après 31 ans d'abstinence, il dit qu'il a encore tous ses défauts. Quand il entend des gens dire qu'ils luttent contre leurs défauts, il en rit parce que l'idée est de ne pas les laisser agir sur vous.

Bingo ! Je suis sorti en trombe, ai sauté dans le camion, et me suis dirigé vers ce qui, à tout le moins, serait un feu de camp en bonne compagnie.

J'ai emprunté le chemin de terre que m'indiquait l'itinéraire, ai traversé une zone couverte de pins, et suis arrivé devant un petit lac que bordait une plage de sable entourée de bois. Il devait être environ une heure avant le crépuscule. On avait déjà allumé un petit feu.

Sur la gauche, pas très loin, se dressait un arbre beaucoup plus grand que les autres. Quelqu'un y avait accroché un panneau qui disait : ARBRE DE LA VOLONTÉ. Sous l'arbre, il y avait des bûches et des morceaux de bois de toutes tailles. Des feuilles de papier blanc étaient agrafées sur chaque morceau de bois.

Sur une table voisine, on pouvait lire les instructions suivantes : choisissez un morceau de bois de la taille du défaut dont vous voulez vous débarrasser, ou du ressentiment que vous essayez de surmonter, et écrivez le nom du défaut sur le papier. Adressez une prière à votre Puissance supérieure, jetez la bûche dans le feu, et remettez votre défaut ou ressentiment à Dieu. Les instructions comportaient également cette mise en garde : « Soyez prudent avec vos ressentiments, ils peuvent provoquer des étincelles ».

Quand le soleil se coucha derrière les arbres à l'ouest, une pleine lune apparut de l'autre côté de la forêt, éclairant le lac alors que notre bûcher s'enflâmmait.

Quelqu'un avait apporté des guimauves. Il y avait aussi des congas, des bongos, des tambours, une flûte et une guitare. Nous avons joué, chanté et dansé pendant une bonne partie de la nuit. Et même échangé des plaisanteries sur le concept des AA en tant que culte. Ce fut une nuit superbe. On se sentait abstinent et en famille.

Mais, pour moi, le temps fort de l'événement fut de regarder brûler et se transformer mon défaut en cendres. Ce défaut ne me dérange plus depuis plus d'une semaine maintenant. Est-il parti pour toujours ? Probablement pas. Mais si jamais il revient, quand il dressera à nouveau sa tête hideuse, je saurai, au plus profond de moi, qu'il est incinéré et ne peut plus me nuire.

JASON B.
Del Haven, New Jersey

LES DOUZE ÉTAPES

1. Nous avons admis que nous étions impuissants devant l'alcool – que nous avions perdu la maîtrise de notre vie.

2. Nous en sommes venus à croire qu'une Puissance supérieure à nous-mêmes pouvait nous rendre la raison.

3. Nous avons décidé de confier notre volonté et notre vie aux soins de Dieu *tel que nous Le concevions*.

4. Nous avons procédé sans crainte à un inventaire moral approfondi de nous-mêmes.

5. Nous avons avoué à Dieu, à nous-mêmes et à un autre être humain la nature exacte de nos torts.

6. Nous étions tout à fait prêts à ce que Dieu élimine tous ces défauts.

7. Nous Lui avons humblement demandé de faire disparaître nos défauts.

8. Nous avons dressé une liste de toutes les personnes que nous avons lésées et nous avons consenti à réparer nos torts envers chacune d'elles.

9. Nous avons réparé nos torts directement envers ces personnes dans la mesure du possible, sauf lorsqu'en ce faisant, nous risquions de leur nuire ou de nuire à d'autres.

10. Nous avons poursuivi notre inventaire personnel et promptement admis nos torts dès que nous nous en sommes aperçus.

11. Nous avons cherché par la prière et la méditation à améliorer notre contact conscient avec Dieu, *tel que nous Le concevions,* Lui demandant seulement de connaître Sa volonté à notre égard et de nous donner la force de l'exécuter.

12. Ayant connu un réveil spirituel comme résultat de ces étapes, nous avons alors essayé de transmettre ce message à d'autres alcooliques et de mettre en pratique ces principes dans tous les domaines de notre vie.

LES DOUZE TRADITIONS

1. Notre bien-être commun devrait venir en premier lieu ; le rétablissement personnel dépend de l'unité des AA.

2. Dans la poursuite de notre objectif commun, il n'existe qu'une seule autorité ultime : un Dieu d'amour tel qu'il peut se manifester dans notre conscience de groupe. Nos chefs ne sont que des serviteurs de confiance, ils ne gouvernent pas.

3. Le désir d'arrêter de boire est la seule condition pour être membre des AA.

4. Chaque groupe devrait être autonome, sauf sur les points qui touchent d'autres groupes ou l'ensemble du Mouvement.

5. Chaque groupe n'a qu'un objectif primordial, transmettre son message à l'alcoolique qui souffre encore.

6. Un groupe ne devrait jamais endosser ou financer d'autres organismes, qu'ils soient apparentés ou étrangers aux AA, ni leur prêter le nom des Alcooliques anonymes, de peur que les soucis d'argent, de propriété ou de prestige ne nous distraient de notre objectif premier.

7. Tous les groupes devraient subvenir entièrement à leurs besoins et refuser les contributions de l'extérieur.

8. Le mouvement des Alcooliques anonymes devrait toujours demeurer non professionnel, mais nos centres de service peuvent engager des employés qualifiés.

9. Comme mouvement, les Alcooliques anonymes ne devraient jamais avoir de structure formelle, mais nous pouvons constituer des conseils ou des comités de service directement responsables envers ceux qu'ils servent.

10. Le mouvement des Alcooliques anonymes n'exprime aucune opinion sur des sujets étrangers ; le nom des AA ne devrait donc jamais être mêlé à des controverses publiques.

11. La politique de nos relations publiques est basée sur l'attrait plutôt que sur la réclame ; nous devons toujours garder l'anonymat personnel dans la presse écrite et parlée de même qu'au cinéma.

12. L'anonymat est la base spirituelle de toutes nos traditions et nous rappelle sans cesse de placer les principes au-dessus des personnalités.

LES ALCOOLIQUES ANONYMES

Le programme de rétablissement des AA est pleinement exposé dans leur livre de base, *Les Alcooliques anonymes* (communément appelé Le Gros Livre), présentement à sa quatrième édition, et dans *Les Douze Étapes et les Douze Traditions*, *Vivre sans alcool*, et autres livres. On trouvera aussi des informations sur les AA sur le site Web des AA au www.aa.org ou en écrivant à: Alcoholics Anonymous, Box 459, Grand Central Station, New York, NY 10163. Vous trouverez des informations sur les ressources locales dans votre annuaire téléphonique sous la rubrique « Alcooliques anonymes ». Vous pourrez aussi vous procurer quatre brochures « Voici les AA », « Les AA sont-ils pour vous ? », « Foire aux questions sur les AA », et « Un nouveau veut savoir », offerts chez les AA.

LE AA GRAPEVINE

Le AA Grapevine, la revue mensuelle internationale des AA, est publié sans interruption depuis son premier numéro paru en juin 1944. Dans la page de garde, la portée et l'objectif de la revue sont décrits comme suit : « Étroitement intégrée au Mouvement des AA depuis 1944, la revue Grapevine publie des articles qui reflètent la pleine diversité des expériences et des réflexions issues du mouvement des AA. La revue bimensuelle en langue espagnole La Viña, publiée pour la première fois en 1996, fait de même. Aucun point de vue, aucune philosophie ne dominent leurs pages. Pour déterminer les contenus, l'équipe éditoriale s'appuie sur les principes des Douze Traditions ».

En plus des magazines, AA Grapevine, Inc., publie aussi des livres, des livres numériques, des livres audio et autres articles. Il offre aussi un abonnement au Grapevine Online, qui comprend : huit à dix nouveaux récits chaque mois, l'AudioGrapevine (la version audio du magazine), Grapevine Story Archives (la collection complète des articles parus dans le Grapevine), ainsi que la plus récente édition du Grapevine et de La Viña en format HTML. Pour plus d'informations sur AA Grapevine, ou pour un abonnement à ce qui précède, rendez-vous sur le site Web du magazine, www.aagrapevine.org ou écrivez à :

AA Grapevine, Inc.
475 Riverside Drive
New York, NY 10115